Serie el Ministerio Litúrgico

MANUAL PARA CANTORES

Jennifer Kerr Breedlove
Paul Turner

LTP
RECURSOS CATÓLICOS EN ESPAÑOL

Conforme al canon 827 del Código de Derecho Canónico, el Reverendo John F. Canary, Vicario General de la Arquidiócesis de Chicago, ha otorgado, en el día de la fecha 14 de abril de 2009, aprobación para la publicación. La aprobación para la publicación es una declaración oficial de la autoridad eclesiástica, la cual establece que el material en cuestión carece de errores morales o doctrinales. De lo establecido no se infiere que quienes han otorgado la aprobación están de acuerdo con el contenido, opiniones o expresiones vertidas en el trabajo ni asumen responsabilidad legal alguna relacionada con la publicación.

Impreso en los Estados Unidos de America.

Número de control en la Biblioteca del Congreso: 2009923719

ISBN 978-1-56854-804-3

SLCAN

Salmo 98,1b–6

Entonen al SEÑOR un canto nuevo,
pues ha hecho maravillas,
la salvación provino de su diestra,
De su brazo de santidad.
El SEÑOR dio a conocer su salvación,
hizo ver a los paganos su justicia,
se acordó de su amor y fidelidad
en favor de la casa de Israel.
Todos, hasta los confines del mundo,
han visto la salvación de nuestro Dios.
¡Aclamen al SEÑOR, toda la tierra,
estallen en gritos de alegría!
¡Canten con la cítara al SEÑOR,
con la cítara y al son de la salmodia,
al son de la trompeta y del cuerno
aclamen el paso del Rey, el SEÑOR!

Índice

Prólogo

Después de cantar los salmos, partieron para el monte de los Olivos.

—Mateo 26,30

Uno de los discípulos de Jesús—o quizá más de uno—era cantor. No sabemos quién era este discípulo; los Evangelios no lo dicen. Pero cuando los discípulos rezaban juntos, alguien tenía que dirigir el canto. La mayor parte de los días, dicha función debe haber constituido una enorme alegría. ¿Quién no querría dirigir un himno y cantarlo junto a Jesús?

Pero los discípulos también tenían que cantar en días que no tenían demasiadas ganas de cantar. Algunos días Jesús predicaría sin que nadie le hiciera caso. Otros días los discípulos estarían cansados de lidiar con las multitudes que buscaban curas. Y otros días Jesús entraba en controversia con los líderes religiosos. O corregía a sus seguidores. O maldecía una higuera.

Los discípulos no siempre estaban en humor de cantar.

Probablemente contaban con un repertorio de música que los otros fieles judíos de su época y lugar conocían muy bien. El libro de los Salmos era su cantoral principal. Conocían esa música como las personas hoy conocen el himno nacional, la canción de cumpleaños y los villancicos navideños. Todos podían unirse al canto. Pero necesitaban a alguien que lo entonara. Necesitaban un cantor.

El Evangelio hace una referencia explícita al canto de los discípulos, en la Última Cena.

Un año, el primer día de la Fiesta de los Ázimos, los discípulos le preguntaron a Jesús: "¿Dónde quieres que preparemos la comida de la Pascua?"[1]. Tal vez le hacían esa pregunta cada año, pero probablemente no se daban cuenta de que éste iba a ser el último año, la última semana, el último día y la hora final.

Jesús los envío a Jerusalén a la casa de un hombre en particular con este mensaje: "Mi hora se acerca y quiero celebrar la Pascua con mis discípulos en tu casa"[2].

¿Comprenderían acaso los discípulos qué significaba esta cena? ¿O simplemente intentaban organizar la comida?

La Cena Pascual judía es una hermosa celebración, llena de fe y de oración. Pero esta vez comenzó con muy malos presagios. Jesús miró a los demás comensales y los inquietó con este anuncio: "En verdad les digo: uno de ustedes me va a traicionar"[3].

Ésta no iba a ser una cena común. Uno por uno los discípulos le preguntaron: "¿Seré yo, Señor?"[4]. Y todos se lo preguntaron a sí mismos. Pedro se lo preguntó. Los hijos de Zebedeo se lo preguntaron. El discípulo a quien Jesús amaba se lo preguntó. El cantor se lo preguntó. Judas preguntó: "¿Seré yo acaso, Maestro?"[5]. Jesús le respondió: "Tú lo has dicho"[6].

La cena se iba volviendo aun más misteriosa. Jesús partió el pan y lo dio a sus discípulos diciendo: " 'Tomen y coman; esto es mi cuerpo'. Después tomó una copa, dio gracias y se la pasó diciendo: 'Beban todos de ella: esto es mi sangre, sangre de la Alianza' "[7].

¿Comprendieron esto los discípulos? ¿Se daban cuenta de que esa era la víspera del día en que Jesús iba a morir?

El cantor, lleno de preguntas, de angustia y sobrecogimiento, comió y bebió el Cuerpo y la Sangre del Señor por primera vez. Los discípulos no sabrían qué decir. Tenían preguntas que no se atrevían a formular. Quizás no estaban en humor de cantar. O tal vez sentían la necesidad de cantar. Nunca nadie había estado en esta situación. Así que el cantor hizo lo que hacen los cantores: el cantor entonó el himno. Y todos se unieron al canto. "Después de cantar los salmos, partieron para el monte de los Olivos"[8].

Paul Turner

NOTAS

1. Mateo 26,17.
2. Mateo 26,18.
3. Mateo 26,21.
4. Mateo 26,22.
5. Mateo 26,25.
6. Ibíd.
7. Mateo 26,26–28.
8. Mateo 26,30.

Bienvenida

Estás sirviendo a tu comunidad de fe como cantor. Dios te ha concedido una voz y se la ofreces como instrumento de alabanza. Vas a expresar tu propia fe, a ayudar a los demás fieles a rezar en momentos de angustia y momentos de alegría. Vas a prestar tu voz a los cantos de la Iglesia.

Tu ministerio es una parte vital del culto de la Iglesia. Contribuirá a que la oración litúrgica fluya, y añadirá belleza y arte a la forma en que el pueblo reza. Va a dar vida a las palabras que expresan nuestra fe y a sumir a quienes las cantan en el misterio de Dios.

Tu función recibe distintos nombres:

- Te podrían llamar **director de canto**. El director de canto ayuda o anima a todos los miembros de la asamblea a que cada cual cante la parte que le toca, definiendo el tono y el ritmo, y los invita a cantar con gestos o expresiones de aliento.
- También te pueden llamar **salmista**. El salmista canta los versos del Salmo responsorial y adopta una función similar a la del lector que lee la palabra de Dios. Tal vez hasta dirige el salmo desde el ambón, donde se proclaman las demás lecturas de la Sagrada Escritura.
- Te pueden llamar **cantor**: el que guía a los demás, canta versículos o estrofas en solo o alterna con un coro y armoniza el canto comunitario.

En todo caso, eres el que posee habilidad para cantar, el deseo de dirigir, el amor por el pueblo y un corazón lleno de fe que necesita alabar a Dios.

Sobre este libro

Este libro te ayudará a reflexionar sobre tu ministerio. No te va a enseñar nuevos cantos ni te va a ayudar a leer música. Estas habilidades musicales son importantes, pero este libro es acerca de tu ministerio.

En estas páginas vas a aprender la importancia de la música litúrgica, de qué manera sirve a la oración del pueblo de Dios y cómo se desarrolló el ministerio del cantor. El libro responderá a tus dudas sobre muchas cuestiones prácticas sobre el ejercicio de tu ministerio. Sobre todo, te ayudará a formarte como una persona de fe que va a guiar a los demás hacia la meta del canto litúrgico: rendir alabanza a Dios.

Sobre los autores

Este libro está escrito en colaboración. El padre Paul Turner, que escribió las primeras secciones del libro (el prólogo, "Bienvenida", "Teología e historia del ministerio del cantor" y "Espiritualidad y formación del cantor") es el párroco de la iglesia de San Munchín en Cameron, Missouri, y su misión dependiente, la iglesia de San Luis Gonzaga en Maysville. Es sacerdote de la diócesis de Kansas City y St. Joseph, Missouri, doctor en Sagrada Teología por el colegio internacional de San Anselmo en Roma. El padre Turner ha publicado muchos materiales pastorales sobre los sacramentos y la liturgia.

Jennifer Kerr Breedlove escribió la descripción práctica y la explicación de las funciones del cantor en el capítulo "El ministerio del cantor" y ha preparado la sección de materiales y el glosario. Es una conocida música, directora y cantora litúrgica del área de Chicago que ha sido ampliamente publicada y grabada como compositora y arreglista de música litúrgica. Tiene una maestría en dirección coral de la Universidad de Indiana, donde también ha ofrecido clases de teoría de la música y canto a primera vista.

En sus años como directora de Música Litúrgica en la Oficina para el Culto Divino, la Sra. Breedlove sirvió como directora de coro y cantora en muchas funciones litúrgicas del área de Chicago. Como directora del Coro Arquidiocesano del Jubileo y la Orquesta Sinfónica del Jubileo del año 2000, ayudó a organizar y dirigir la música de la celebración del Jubileo "Field of Faith" en Soldier Field en junio de 2000. Jennifer participa en varios conjuntos del área de Chicago, incluyendo el Coro Sinfónico de Chicago y los Cantores de la Catedral, y actualmente sirve como profesora adjunta de Música Coral en la Universidad St. Xavier. Está estudiando para otra maestría, en Teología y Liturgia, con una Beca "Cardenal Bernadin" en la Unión Teológica Católica de Chicago y hace poco publicó un libro de texto sobre canto a primera vista y notación musical para principiantes. Actualmente sirve como Directora de Ministerios Musicales de la parroquia de San Juan de la Cruz en Western Springs, Illinois.

Preguntas para el diálogo y la reflexión

1. ¿Por qué has aceptado servir como cantor?

____

____

____

____

2. ¿Qué esperas obtener como resultado de comprender la teología y función del ministerio por medio de este libro?

____

____

____

____

Teología e historia del ministerio del cantor

El cantar es propio del enamorado

—San Agustín

La música en la iglesia y en nuestras vidas

"El cantar es propio del enamorado". Esta breve frase, llena de sabiduría, que proviene de uno de los sermones de San Agustín, aparece en la *Ordenación General del Misal Romano* (OGMR) como una de las razones por las que tenemos música litúrgica[1]. Escucha música en casi cualquier estación de radio y oirás palabras de amor. El amor es el tema central de las letras de casi todas las canciones. Es un tema que aparece una y otra vez, porque a los oyentes les gusta escuchar sobre el amor, pero también porque los compositores y cantantes lo han sentido. Sus corazones se han conmovido con el amor eterno, se han sorprendido con el amor caritativo, se han visto heridos con el amor rechazado, se han atrofiado con el amor no correspondido y se han paralizado con el amor no expresado. Estas emociones son tan fuertes que los escritores y los cantantes se ven forzados hacer algo al respecto. Las palabras por sí solas no pueden expresar los sentimientos más profundos. Tienen que expresarlos con música.

Muchas parejas eligen una canción que se convierte en *su* canción. Si has sentido las emociones que se expresan en una canción, probablemente te unas al cantante cuando la escuches en la radio o tararees la melodía en el auto. "Quien ama, canta".

Los cristianos estamos enamorados de Dios. Dios es el centro de nuestra vida. La primera carta del apóstol San Juan proclama que "Dios es amor"[2]. Mientras más profundamente valoramos la santidad de Dios, la intimidad con Dios y el amor de Dios, más necesitamos expresar cómo nos sentimos. Las palabras por sí solas no bastan—necesitamos música.

Los seres humanos estamos hechos para la música. El corazón late al compás. Nuestras voces se modulan para decir lo que pensamos. En la iglesia hacemos las cosas comunes y corrientes para las que estamos hechos.

Nos saludamos, hablamos, escuchamos, comemos y bebemos. Y también cantamos.

Pero estas actividades comunes y corrientes adquieren una dimensión extraordinaria. Nos saludamos como el cuerpo de Cristo. Proclamamos palabras de aclamación y bendición. Escuchamos la Palabra de Dios. Comemos el pan de vida. Bebemos del cáliz de la salvación. Y cantamos música que eleva nuestros pensamientos al trono del cielo.

Aunque estemos confinados a la tierra, participamos de la vida divina. Ya desde ahora sentimos a Dios entre nosotros, aun mientras esperamos sentir a Dios de manera perfecta al final de los tiempos. El Nuevo Testamento expresa cómo vivimos en esperanza, y a la vez sentimos a Cristo ahora. La Carta a los Colosenses, lo dice muy elocuentemente: "Que la palabra de Cristo habite y se sienta a gusto en ustedes. Tengan sabiduría para que puedan enseñar y aconsejar unos a otros; canten a Dios de todo corazón y con gratitud salmos, himnos y alabanzas espontáneas. Y todo lo que puedan decir o hacer, háganlo en el nombre del Señor Jesús, dando gracias a Dios Padre por medio de él"[3].

Cristo habita en nosotros con toda su riqueza y nosotros damos gracias cantando.

El canto no es cosa opcional en nuestra liturgia. "Téngase por consiguiente, en gran estima el uso del canto en las celebraciones, siempre según el carácter de cada pueblo y las posibilidades de cada asamblea litúrgica"[4]. Cuando la música de la misa ha sido preparada con cuidado y se ejecuta con suma concentración, expresa hermosamente los sentimientos de la comunidad que celebra la liturgia.

> ✠ Téngase por consiguiente, en gran estima el uso del canto en las celebraciones, siempre según el carácter de cada pueblo y las posibilidades de cada asamblea litúrgica.
>
> —*Ordenación General del Misal Romano,* 40

Aunque la misa es un rito antiquísimo, continúa ofreciéndose por los labios y corazones de generaciones que viven en distintos climas y culturas. La música que cantamos expresa tanto el pasado como el presente. Los que la cantan proclaman una fe que ha sido revelada en una época remota, pero lo hacen con cantos que expresan su fe en un mundo que siempre está cambiando.

La misa por lo tanto admite diversos estilos de música. "El canto gregoriano [tiene] el lugar principal"[5] debido a su larga conexión histórica con la liturgia romana. Pero se pueden usar otros géneros musicales "con tal que correspondan al espíritu de la acción litúrgica y fomenten la participación de todos los fieles"[6]. Nacen nuevos estilos musicales y muchos de ellos resultan muy útiles para ofrecer alabanza a Dios en comunidad.

Hay estilos de música que se cantan por toda la comunidad; otros son más propios para un solista o un coro entrenado. En algunos casos el cantor canta los versículos o las estrofas y el pueblo entero repiten un estribillo. En otras clases de canto el cantor alterna con la comunidad, de modo que todos canten un poco y escuchen un poco la Palabra de Dios cantada.

Algunos cantos acompañan las acciones rituales, mientras que otros son una parte integrante del rito mismo. Por ejemplo: varias procesiones se hacen con un acompañamiento musical: la procesión de ingreso tiene lugar mientras el pueblo canta el canto de entrada. Antes de proclamar el Evangelio, los ministros se dirigen hacia el ambón mientras el pueblo canta una aclamación. El pan, el vino y las ofrendas para la iglesia y los pobres suelen ser llevadas al altar mientras se toca música o se canta. Los que van a comulgar caminan hacia el altar mientras la comunidad expresa su alegría por el sacramento del Cuerpo y de la Sangre del Señor con un canto.

En otros momentos, sin embargo, no se hace ninguna acción mientras se ejecuta la música. Mientras se canta el Gloria, el Salmo responsorial y los diálogos y aclamaciones durante la Plegaria eucarística, no se está haciendo nada más que cantar. Estos cantos ocupan su propio lugar entre las partes de la misa. No acompañan ninguna otra acción sino que exige toda la atención de los fieles.

La música, entonces, se relaciona con la liturgia de diversas maneras. Es el pulso que mueve el ritmo de la misa; el hilo que une las partes. Crea climas que suscitan la oración, la alabanza, la tristeza y el asombro. Nos acerca al misterio de la belleza de Dios.

La función del cantor

El cantor trabaja en unión con la música para lograr sus objetivos. El cantor es un dirigente; debe "dirigir el canto del pueblo" y "cuando falta el coro . . . dirigir los diversos cantos"[7].

Para dirigir el canto del pueblo la voz del cantor no debe dominar el canto. La voz que se debe escuchar es la del canto de la asamblea.

El cantor hace falta para definir el tono y el ritmo, llamar a los fieles a la alabanza de Dios, indicar que comenzará otro verso, mantener el tono donde corresponde y controlar el ritmo de la música. Pero una vez que la asamblea haya desarrollado estas aptitudes, la voz del cantor puede pasar a segundo plano. Especialmente cuando el pueblo está cantando cantos que sabe muy bien, el cantor debe servir a la comunidad permitiendo que la voz del pueblo se oiga.

> ✠ Que [el cantor] se encargue de dirigir el canto del pueblo . . . [y] dirigir los diversos cantos.
>
> —*Ordenación General del Misal Romano,* 104

Los cantores deben cultivar buenas habilidades musicales, pero durante la misa estas habilidades deben estar al servicio de la liturgia. Los cantores deben aprender a leer música y a interpretar bien una pieza musical. Deben escuchar buenos ejemplos de música litúrgica siempre que puedan, ya sea asistiendo a liturgias parroquiales o diocesanas, o escuchando grabaciones. Es necesario que aprendan a cuidar su instrumento, la voz protegiéndola de enfermedades, entrando en calor con ejercicios, practicando técnicas de respiración correcta y aprendiendo a cantar tanto fuerte como suavemente y a reconocer qué volumen es apropiado en cada ocasión.

Los cantores deben desarrollar su formación musical, practicando con un maestro o con otros cantores, escuchando a cantantes profesionales y aprendiendo distintos estilos musicales, así como las habilidades necesarias para cada uno de ellos. Así discernirán qué tipo de música es apropiada para su propia voz y desarrollarán su interés en ella.

La música, como cualquier otra habilidad, requiere práctica. Los que practican todos los días van cultivando un buen oído y una buena voz para su arte. No hay músico que no cometa errores, pero los músicos buenos practican para ir disminuyendo el margen de error.

Los cantores cantan en frente de la asamblea, por lo que también necesitan aprender a sentirse cómodos y serenos. Si el cantor ha practicado bien, aprenderá a cumplir su función sin tensiones mientras los demás lo escuchan, lo miran o cantan con él. Si el cantor no está tenso, los demás tampoco lo estarán.

Sin embargo, aun después de haber dedicado toda esta atención al arte de la música, ser un cantor no es lo mismo que ser un cantante. Muchas interpretaciones musicales dirigen la atención del público hacia los artistas, pero el cantor dirige la atención de la asamblea hacia Dios, al Creador de todo: de los seres humanos, de sus voces y de la música.

El tener en mente esta diferencia ayuda a muchos cantores a tomar su actuación con más calma. Si sienten que carecen de alguna habilidad musical, se sienten consolados al poseer una fe fuerte y viva. Si el objetivo de la música litúrgica es compartir la fe, a muchos les resulta más fácil alcanzar este objetivo que el de cantar bien.

Sin embargo, un cantor no debe descuidar sus habilidades musicales. Dios le ha dado ese talento y espera que lo cultive y lo use. Una de las parábolas de Jesús habla sobre los "talentos"[8]. Un hombre que iba a salir de viaje le encarga talentos a sus servidores según la capacidad de cada uno. La palabra "talento" en la parábola se refiere a una cantidad de dinero. Pero la misma palabra evolucionó y se convirtió en una palabra que significa "aptitud" o "capacidad" porque los que tenían aptitudes solían llenarse de "talentos" y prosperar económicamente. En la parábola, cuando el hombre regresa descubre que solo dos de sus servidores duplicaron su dinero. Les dice: "Ven a compartir la alegría de tu patrón"[9]. Pero se siente tan desilusionado con el tercer servidor, el que escondió el talento, que le quita el talento y lo despide.

Dios nos concede dones con fines determinados. Debemos cultivarlos y ponerlos en práctica para el bien de la Iglesia. Aun así, una de las aptitudes que el cantor debe cultivar es la aptitud de la fe. Aunque el cantor pueda cantar todas las notas correctamente y pronunciar todas las palabras con claridad, también es importante que cante con fe. Algunos de los cantores más talentosos no pueden hacerlo, pero algunos de los menos talentosos sí.

Una aptitud de la fe es la habilidad de manejar los silencios. Así como toda melodía necesita silencios para definir su estilo, la misa necesita silencio para definir sus sonidos hablados y cantados. Generalmente se espera que el cantor mantenga a la comunidad en oración silenciosa, por ejemplo antes de cantar el Kyrie, comenzar el Salmo responsorial o entonar la Aclamación antes del Evangelio. En otros momentos la música comienza inmediatamente que el celebrante termina de hablar o cantar: el Sanctus, la Aclamación memorial y la Doxología, por ejemplo. El cantor necesita mantener un equilibrio entre el silencio, la aclamación y el ritmo para que la música esté a tono con el ritmo dominante de la misa.

El cantor es uno de los muchos ministros en la celebración eucarística. El sacerdote preside la acción. El diácono lo asiste. Los lectores proclaman la Sagrada Escritura. Los Ministros extraordinarios de la

Sagrada Comunión ayudan a que los fieles reciban el Cuerpo y la Sangre de Cristo de manera ordenada. Los acomodadores hacen que los fieles se sientan a gusto. Los acólitos hacen que la liturgia se celebre sin complicaciones. La asamblea pone el corazón y la voz en las palabras y acciones de la misa.

Esta diversidad de ministros pone de manifiesto la actividad del Espíritu Santo, quien concede todos los dones en abundancia. En cada comunidad de fieles existen muchos dones. Y es posible que algunas personas no estén conscientes de sus dones. Cuando los descubren y ofrecen lo que tienen, su participación aviva su fe y toda la comunidad da testimonio de la presencia multiforme del Espíritu Santo. Cuando todos estos dones obran juntos hacia un propósito común, las maravillas del Espíritu Santo saltan a la vista.

Esta presencia milagrosa del Espíritu Santo quedó en evidencia desde los primeros tiempos de la Iglesia. San Pablo escribió: "Hay diferentes dones espirituales, pero el Espíritu es el mismo. Hay diversos ministerios, pero el Señor es el mismo. Hay diversidad de obras, pero es el mismo Dios quien obra todo en todos. La manifestación del Espíritu que a cada uno se le da es para provecho común"[10].

Hay diferentes dones espirituales, pero el Espíritu es el mismo. Hay diversos ministerios, pero el Señor es el mismo. Hay diversidad de obras, pero es el mismo Dios quien obra todo en todos. La manifestación del Espíritu que a cada uno se le da es para provecho común.

—*1 Corintios 12,4–7*

Por lo tanto, la diversidad de dones pone de manifiesto la unidad del cuerpo de Cristo. Los dones del cantor deben fomentar dicha unidad. Dios le ha dado dones especiales al cantor, pero se los ha dado "para provecho común"[11]: para la manifestación del Espíritu de Dios a toda la asamblea de fieles.

Los buenos cantores contribuyen los dones que Dios les ha concedido y alientan los dones de los demás. Hay personas que tienen que luchar por usar sus dones satisfactoriamente. Quizás los demás no valoren sus talentos pero siempre valorarán su fe y deseo de servir. Los buenos cantores colaboran con la obra del Espíritu

✠ La efectiva preparación de todas las formas de celebración litúrgica, hágase con ánimo concorde y diligentemente según el Misal y los demás libros litúrgicos entre todos aquellos a quienes . . . [les] toca el rito o el aspecto pastoral o la música.

—*Ordenación General del Misal Romano,* 111

Santo al suscitar los dones de la comunidad y ayudar a los individuos a que los cultiven.

En resumidas cuentas, los fieles reunidos expresan su unidad ofreciendo sus dones y alcanzan una unidad más profunda al valorar los dones de los demás. "La efectiva preparación de todas las formas de celebración litúrgica, hágase con [concordia] y diligentemente según el Misal y los demás libros litúrgicos entre todos aquellos a quienes . . . [les] toca el rito o el aspecto pastoral o la música"[12]. "Concordia y diligencia" son dos aptitudes que los buenos músicos conocen bien[13]. Los cantores están naturalmente dispuestos a contribuir a la armonía del cuerpo de Cristo.

Después de todo, los cantores también son parte de la asamblea de los fieles. Van a misa con la misma intención que todos los demás fieles: rendir alabanza y gloria a Dios, escuchar la Sagrada Escritura y recibir la Sagrada Comunión. El cantor, como miembro de la comunidad de fieles, se ha preparado para esta misa con una vida dedicada a las enseñanzas de Cristo y sale de la celebración con el mandato de llevar la Palabra de Cristo a dondequiera que vaya la semana entrante.

Los miembros de la asamblea centran su atención en los textos y las acciones de la misa para participar bien y aprovechar al máximo el don de Cristo. Los cantores también centran su atención en la misa. Participan durante toda la misa, incluyendo las partes en que no usan su voz directamente. Recuerdan sus pecados. Escuchan atentamente las lecturas. Durante la Plegaria e*ucarística*, unen el corazón y sus pensamientos a las palabras que pronuncia el sacerdote.

Participar en la misa requiere mucha atención. Los miembros de la asamblea luchan contra las distracciones en la oración cada semana. Y los cantores también. Los cantores pueden distraerse fácilmente con las exigencias prácticas de su ministerio. ¿Está marcado correctamente el tablero con los himnos? ¿Se han puesto de acuerdo con el organista sobre cuántas estrofas se van a cantar? ¿Recuerdan cuál es el tono del salmo de esta semana? ¿Podrán hallar la página del Gloria inmediatamente después de terminar el canto de Entrada? Los cantores remueven papeles durante la misa. Si distraen a la gente con esto, o si su atención se aleja de la liturgia que se está celebrando, se retraen de la celebración. Sin darse cuenta, se han concentrado en sí mismos y en la ejecución precisa de su trabajo, en vez de en el ritmo de la misa.

En cierto sentido, el cantor nunca tiene un descanso durante la liturgia eucarística porque es un miembro de la asamblea. Nadie tiene un momento de descanso durante la misa. En algún momento a cada miembro de la asamblea le toca decir o hacer algo, pero en el resto del tiempo le toca escuchar y reflexionar. Siempre hay algo que hacer, y los cantores deben participar en los momentos no musicales con la misma concentración que cuando cantan.

Cuando los cantores participan bien, se convierten en un modelo para el resto de la comunidad. Los cantores deben lidiar con muchas cosas durante la misa, pero aun si no participan en todo, les dan esperanza y guía a los demás fieles reunidos. Los cantores son personas de fe.

La historia del ministerio del cantor

El libro que más influyó en la historia de los cantores fue el Salterio que suele ser atribuido al Rey David, pero probablemente fue escrito por varios autores anónimos a lo largo de varios siglos. Estaba organizado como un cantoral moderno. Incluía algunas obras que ya habían sido cantadas por muchas generaciones, algunas que habían sido compuestas recientemente y algunas que eran populares en distintas zonas geográficas.

Nadie sabe cómo sonaba la música original de los salmos. Se ha intentado reconstruir su sonido, basándose en nuestro conocimiento de los instrumentos y del lenguaje. Pero nadie lo sabe con certeza.

El texto de los salmos sugiere que algunos eran dirigidos por una persona y otros por un grupo. Algunos de los salmos (el 106, por ejemplo) eran demasiado largos para que todos los cantaran de memoria. Algunos (el 67, por ejemplo) tienen estribillos, lo que indica que todos cantaban esas palabras mientras otra persona cantaba los versículos Algunos acompañaban las procesiones (como el 122). Otros (como el 119) reflexionan sobre la bondad de la ley de Dios. Algunos exploraban un tema (como el 23: “El Señor es mi pastor”). Otros (como el 34) funcionan como un acróstico alfabético: cada versículo comienza con una letra consecutiva del alfabeto hebreo. Los salmos probablemente requerían un cantor hábil, pero a la vez eran lo suficientemente populares como para ser recordados por distintas generaciones.

Los salmos eran el eje del culto judío, el cual a su vez inspiró la oración cristiana. Los cristianos consideraban cada vez más que los salmos eran proféticos. Algunos versículos anuncian la venida de Cristo, su ministerio, muerte y Resurrección. Por consiguiente, los salmos se han convertido en una parte muy querida del culto cristiano.

Para el siglo IV, los cantores eran tan populares en algunas iglesias que hubo que imponer reglas para ellos. El concilio de Laodicea permitió que los cantores cantaran en el ambón usando pergaminos preparados especialmente, pero no podían usar las mismas vestiduras que los demás ministros. El mismo concilio también les prohibía a los ministros, incluyendo a los cantores, que frecuentaran las tabernas locales. Desde los primeros tiempos de la Iglesia, los ministros debían llevar una vida moral, para que su conducta fuera de la iglesia realzara su ministerio en la iglesia.

A medida que la liturgia se volvía más elaborada, los textos cantados se iban multiplicando. Se necesitaba música para las procesiones, los diálogos y las aclamaciones. Se necesitaba cantores hábiles para dirigir el canto.

Con el desarrollo del monasticismo los monasterios de monjes o de monjas dedicaban muchas horas cada semana a cantar los salmos. La música necesitaba que alguien la dirigiera. Los cantores entonaban los salmos y cantaban los versículos.

> ✣ "El canto gregoriano, sin disminuir en nada la igual dignidad de otros, obtenga el lugar principal en cuanto propio de la Liturgia romana".
>
> —*Ordenación General del Misal Romano*, 41

Estas necesidades musicales llevaron al desarrollo del canto gregoriano. Se componía música, se ideó un sistema de notación, se formaba a los cantores y un gran cuerpo de música circulaba por todo el mundo cristiano. Este desarrollo tomó cientos de años y el estilo del canto cambió muy poco en toda esa época. Los cantos gregorianos para la Liturgia de las Horas y de la Eucaristía formaron una de las colecciones de composiciones que más han influido en la historia de la música. Los cantos, para ser cantados, requerían coros bien entrenados y también cantores[14].

Con el tiempo, los estilos musicales se fueron desarrollando desde las melodías sin acompañamiento del canto gregoriano hasta la complicada música polifónica del Renacimiento. En muchos lugares los coros sustituyeron la función del cantor. En las misas "rezadas" el sacerdote recitaba los textos que hubieran sido cantados por los demás.

Con el movimiento litúrgico del siglo XX, el canto comunitario reapareció en la liturgia católica. Los cantores comenzaron a ayudar anunciando los himnos y dirigiendo los cantos. Gracias a la invención de los micrófonos y altoparlantes, la voz del cantor se podía escuchar claramente en toda la iglesia.

Según el Salterio iba influyendo sobre el desarrollo de la música litúrgica, el Salmo responsorial volvió a darle al cantor un papel prominente. Las reformas del Concilio Vaticano II ampliaron la música que sigue a la Primera Lectura de la misa. Antes de esa época, se cantaba o leía un par de versículos de la Sagrada Escritura, lo que se conocía como el gradual o el tracto, seguido del canto del Aleluya. Pero el Concilio aumentó la cantidad de lecturas dominicales de dos a tres, ofreció el Salmo responsorial como una alternativa al gradual y separó el Aleluya para que se convirtiera en una aclamación musical separada, entre la Segunda Lectura y el Evangelio.

El Concilio también dividió el Misal Romano en dos tomos. Por primera vez en muchos siglos, apareció el Leccionario como libro separado. Al publicarse los Leccionarios, se imprimió en ellos un Salmo responsorial para cada misa. En realidad, el salmo era tan solo una opción, ya que el canto del gradual también se permitía. Pero el Salmo responsorial se hizo tan popular que apareció solo en los Leccionarios y comenzó a usarse en todo el mundo católico.

El salmo necesitaba un cantor. El Salmo responsorial puede ser, ha sido y es recitado por el Lector en muchas misas, pero fue creado para cantarse. Los salmos fueron compuestos como letras de cantares, y la intención de su inclusión en el Leccionario era ampliar la música después de la Primera Lectura.

Todos los salmos en el Leccionario son responsoriales, o sea, tienen una antífona o estribillo que debe ser cantada por el pueblo. En la Biblia, sin embargo, muy pocos de los salmos son responsoriales por naturaleza. La mayoría de ellos desarrollan la misma idea de principio a fin. El Leccionario cambió la estructura de prácticamente todos los salmos al convertirlos en responsorios. También abrevió muchos salmos para que los responsorios mantuvieran la misma extensión.

Estos cambios permitieron que el pueblo cantara una pieza musical nueva cada semana y a la vez le dieron un estribillo para que hicieran el salmo cosa propia. El estribillo pone palabras antiguas en boca de los fieles modernos. Cultiva la naturaleza profética de los salmos que a los cristianos les resulta tan valiosa. Al cantar el estribillo hoy, la asamblea proclama que este salmo no es tan solo un pedazo de historia musical.

No solo habla de una situación que sucedió hace mucho tiempo. Habla de algo que sucede ahora, aquí, en esta iglesia con estos cantores. El Espíritu Santo, que estaba tan activo en el escritor de este salmo tiempo atrás, sigue activo en el corazón de quienes lo cantan hoy.

Al asignar los versos del salmo a un cantor, la liturgia permite que se use una amplia variedad de formas musicales para esta parte de la misa. El cantor canta los versículos para iluminar el corazón de la gente y la acerca más al misterio de la Palabra de Dios.

Por consiguiente, la función del cantor se ha desarrollado mucho con el correr de los siglos. Ha vuelto a recibir un papel central en el culto católico. El cantor guía el canto de la asamblea, y canta en solo los versículos del salmo. Dios ha concedido al cantor dones y talentos musicales para que pueda inspirar en los demás una fe tan fuerte que necesita ser expresada en un canto.

Preguntas para el diálogo y la reflexión

1. ¿Cómo te preparas para participar durante la misa?

____

____

____

2. ¿Qué es lo que más te conmueve cuando rezas durante la misa?

____

____

____

3. ¿Qué talentos te ha dado Dios? ¿Cómo se los devuelves?

____

____

____

4. ¿Qué piezas musicales te ayudan a expresar tu fe?

NOTAS

1. *Ordenación General del Misal Romano* (OGMR), 39.

2. 1 Juan 4,8.

3. Colosenses 3,16–17.

4. OGMR, 40.

5. OGMR, 41.

6. Ibíd.

7. OGMR, 104.

8. Ver Mateo 25,14–30.

9. Mateo 25,23.

10. 1 Corintios 12,4–7.

11. 1 Corintios 12,7.

12. OGMR, 111.

13. Ibíd.

14. La Iglesia, sin embargo, todavía atesora el maravilloso cuerpo musical que se conoce como canto gregoriano. Con sus antiguos ritmos melódicos y la ausencia de métricas fijas requieren un enfoque completamente distinto para cantar "El canto gregoriano, sin disminuir en nada la igual dignidad de otros, obtenga el lugar principal en cuanto propio de la Liturgia romana. Otros géneros de la música sagrada, sobre todo la polifonía, de ningún modo se excluyen, con tal que respondan al espíritu de la acción litúrgica y fomenten la participación de todos los fieles" (OGMR, 41).

Espiritualidad y formación del cantor

Como cantor, eres un dirigente de la oración litúrgica. Para poder dirigir eficazmente, debes cultivar tu propia fe mediante buenos hábitos de oración. Existen muchas maneras en que puedes cultivar tu vida espiritual como cantor.

Tiempos litúrgicos

Debes familiarizarte con el calendario litúrgico. Los estudiantes y los maestros se aprenden el calendario académico: las clases, los exámenes y las vacaciones. Los trabajadores se aprenden el calendario de la empresa: las fechas de entrega y las vacaciones. Los padres se aprenden el calendario familiar: los cumpleaños, las fechas de torneos deportivos y de recitales. Como cantor, te familiarizas con el calendario litúrgico: los tiempos litúrgicos y las fiestas especiales del Señor, la Virgen y los santos.

La Pascua cae el domingo siguiente a la primera luna llena de la primavera en el hemisferio norte. Siempre hay luna llena durante Semana Santa. El Triduo Pascual comienza el Jueves Santo con la Misa Vespertina de la Cena del Señor y termina después de las Vísperas del Domingo de Pascua. Estos tres días son los más importantes del calendario católico. Exigen toda nuestra atención, preparación y participación.

La Cuaresma comienza el Miércoles de Ceniza, seis semanas antes del Triduo. El tiempo pascual finaliza el Domingo de Pentecostés, siete semanas después del Triduo.

El Adviento comienza cuatro domingos antes de la Natividad del Señor (Navidad). Puede o no coincidir con el fin de semana de Acción de Gracias. El tiempo de Navidad finaliza con la fiesta del Bautismo del Señor, la cual suele caer el tercer domingo después de la Natividad del Señor. Sin embargo, si el domingo en el que se celebra la Epifanía del Señor cae el 7 u 8 de enero, la fiesta del Bautismo del Señor pasa al día siguiente, que es lunes.

El resto del año recibe el nombre de Tiempo Ordinario. Comienza el primer día de semana después de la fiesta del Bautismo del Señor. Es por esto que el primer domingo del Tiempo Ordinario recibe el nombre de Segundo Domingo. El Tiempo Ordinario se interrumpe el Miércoles de Ceniza pero continúa después de la solemnidad de Pentecostés. El calendario está diseñado para terminar la trigésimo-cuarta semana del Tiempo Ordinario. Cuando comienza la Cuaresma, pueden omitirse una o dos semanas del Tiempo Ordinario. El Tiempo Ordinario continúa después de Pentecostés con la semana que sea necesaria para finalizar el año litúrgico en la trigésimo-cuarta semana.

Celebra los tiempos litúrgicos Probablemente decoras tu casa u oficina para Navidad. Quizás tengas camisetas, alhajas o calcetines navideños. Pero debes tener presente los tiempos litúrgicos a lo largo de todo el año. Observa un espíritu de expectación durante el Adviento. Mantén los adornos navideños en tu casa durante todo ese tiempo, hasta la fiesta del Bautismo del Señor.

Observa la Cuaresma. Que sea un tiempo de oración, ayuno y limosna. Observa y asiste con devoción a los Oficios de Semana Santa. Evita planificar otras actividades que estén en conflicto con tu espíritu de oración en esos días. Que todo el tiempo pascual retumbe de alegría.

La misa

Una vez que el calendario litúrgico sea parte de tu vida, estarás mejor preparado para abordar el espíritu de los textos de la misa. El Leccionario y el Libro de los Sacramentos (Misal Romano) están organizados para ayudarte a celebrar los tiempos litúrgicos.

Es especialmente importante que conozcas el Leccionario dominical. Está organizado en un ciclo de lecturas de tres años que presentan el Evangelio según San Mateo, San Marcos y San Lucas respectivamente. El Evangelio según San Juan aparece varios domingos de cada Cuaresma y del tiempo Pascual, así como en muchos domingos durante el verano del Año B y el Segundo Domingo del Tiempo Ordinario de cada año.

Durante el Tiempo Ordinario, la Primera Lectura suele estar relacionada con el tema del Evangelio y el Salmo responsorial generalmente es un eco de la Primera Lectura. En la Segunda Lectura escuchamos selecciones de alguna carta del Nuevo Testamento, lecturas de la misma carta se leen varias semanas seguidas.

El Adviento comienza con lecturas sobre la segunda venida de Cristo y luego, el segundo y tercer domingo, se centra en la figura de San Juan Bautista. El Cuarto Domingo de Adviento cuenta parte del relato previo al nacimiento de Jesús en Belén. En todo este tiempo en las Primeras Lecturas se proclaman profecías; la Segunda Lectura mira más bien hacia la Segunda Venida de Cristo.

Durante la Cuaresma, las Primeras Lecturas cuentan el relato de la historia de la salvación. Las Segundas Lecturas hablan sobre el pecado y el arrepentimiento y se relacionan con los otros pasajes de la Sagrada Escritura que se leen ese día. El Evangelio para el Primer Domingo de Cuaresma siempre es la tentación de Jesús en el desierto. El Segundo Domingo habla de su Transfiguración. En el Ciclo A, el Evangelio para el Tercer, Cuarto y Quinto Domingo entona con los escrutinios de los se preparan para recibir el Bautismo en la Vigilia Pascual. En los otros dos años, los relatos del Evangelio hablan del pecado y de la muerte, junto con la promesa de perdón y Resurrección. El Sexto Domingo de Cuaresma es el Domingo de Ramos, el comienzo de Semana Santa. El Evangelio de ese domingo siempre es la Pasión del Señor.

Durante el tiempo pascual, el Evangelio para el Segundo Domingo nos cuenta como Cristo resucitado se apareció a los apóstoles el Domingo posterior a la Resurrección. El Evangelio para el Tercer Domingo nos cuenta cómo Jesús Resucitado partió el pan con los discípulos. El Evangelio para el Cuarto Domingo proviene del discurso del Buen Pastor. Los domingos restantes nos llevan a la Última Cena y escuchamos el discurso de despedida de Jesús en el Evangelio de San Juan.

Las demás lecturas del tiempo pascual se toman del Nuevo Testamento: los Hechos de los Apóstoles, en donde escuchamos sobre los primeros días de la Iglesia; la primera carta del apóstol San Pedro, que se considera que es una homilía sobre el Bautismo; la primera carta del apóstol San Juan, con su ánimo para los cristianos recién convertidos y el libro del Apocalipsis, que proclama que Cristo resucitado es el único que merece nuestra alabanza.

Especialmente si eres el salmista, conviene que hagas oración sobre los textos de cada domingo. Comienza con el Evangelio. ¿Por qué se lo eligió para este día? Pasa a la Primera Lectura. ¿Cómo se relaciona con el Evangelio? Reflexiona sobre el Salmo responsorial ¿De qué manera se relaciona con las lecturas que ya has meditado? Medita la Segunda Lectura. ¿Cuál es su significado para hoy?

En el Tiempo Ordinario, es posible que la Segunda Lectura tenga poca relación con las otras dos. En la Cuaresma, la Primera Lectura se relaciona con las demás Primeras Lecturas de este tiempo. Toma un poco de tiempo descifrar por qué cada lectura fue elegida, pero no es difícil hacerlo.

Concéntrate en el Salmo responsorial ¿Presenta el Leccionario un salmo entero esta semana o solo algunos versículos? Si solo presenta algunos versículos, ¿por qué se eligieron estos en particular? Algunas veces la respuesta se encuentra en el medio o en el final del texto. Estudia el estribillo. ¿Está tomado del salmo, o de otro lugar? Algunas veces el estribillo se toma de alguno de los otros libros de la Biblia. En ese caso, ¿por qué se eligió? ¿Han sido adaptadas las palabras del versículo original? Algunas veces se adapta el estribillo para que tenga más sentido de boca de quienes lo cantan hoy.

Una vez que hayas dedicado tiempo a las lecturas, da un paso adicional. Llévalas al plano personal. ¿Por qué inspiró Dios al autor sagrado a que compusiera estas palabras? ¿Qué te dicen estos textos en el día de hoy? ¿De qué manera responde Dios a la situación de tu vida hoy? ¿Te está pidiendo Dios algo por medio de estos textos?

Ahora canta el salmo. Descubrirás que el salmo es mucho más que palabras y notas musicales. Es la Palabra de Dios. Conmoverá tu corazón y tu voz comunicará ese mensaje a la asamblea de los fieles.

Cantos e himnos sagrados

Hay un sinnúmero de cantos sagrados para la misa y son muy variados. Tal vez tu parroquia tenga un cantoral u otra ayuda para que la asamblea pueda participar de la liturgia. Familiarízate con él.

¿De qué manera está organizado el libro? ¿Cómo está organizada la música—según los tiempos litúrgicos o en orden alfabético? ¿Ofrece diferentes composiciones musicales para el Kyrie, el Gloria, el Credo, etcétera?

Fíjate si el libro tiene índices. Probablemente tiene un índice alfabético, pero es posible que también tenga otros más. Tal vez encuentres un índice de compositores, por ejemplo, o un índice de temas. Puede resultar muy útil que haya un índice de los pasajes de las Sagradas Escrituras a los cuales aluden los cantos e himnos. Si buscas las citas bíblicas del Leccionario para un domingo determinado, por ejemplo, es posible que encuentres himnos que fueron escritos teniendo en mente una o más de esas lecturas. Estudia el texto de dichos himnos. ¿Ves la relación? ¿De qué manera ha interpretado el autor el texto bíblico?

Examina cualquier pieza musical para obtener información adicional. ¿Quién es el compositor? ¿Quién escribió la letra? ¿Cuándo nació? ¿Están vivos el compositor y el escritor de la letra de esta pieza? ¿Qué sabes de ellos? ¿Sabes algo sobre lo que les inspiró a componer esta letra y esta música?

¿Comprendes bien la letra? Algunas veces la letra de un canto está escrita en estilo muy poético, y entonces puede tomar tiempo descifrar lo que dice. Cuando ese sea el caso con una canción nueva, es preciso que el cantor explique al pueblo su significado.

Prácticas espirituales

Cultiva otras prácticas espirituales. La misa del domingo es la hora más importante de la semana para los católicos. ¿Es una prioridad para ti aun cuando no te toca ser cantor? ¿Te preparas para la misa del domingo también cuando no te toca dirigir el canto?

Haz que la *oración* sea parte de tu rutina diaria. La Liturgia de las Horas es una guía muy valiosa para imbuirte completamente de los tiempos y otras observancias del año litúrgico. Rezar la Oración de la Mañana (Laudes) y la de la Tarde (Vísperas) cada día cultiva tu sensibilidad hacia los ritmos del día y los momentos especiales del año. En la Liturgia de las Horas llegarás a tener un conocimiento íntimo de los salmos. En muchos casos estos son seleccionados para ayudarte a celebrar el momento del día—amanecer o atardecer. Otros funcionan como profecías para los tiempos del año. Las lecturas, antífonas e intercesiones brindan un contexto perfecto para la misa dominical.

También resultan beneficiosas otras *oraciones diarias*. A mucha gente le gusta leer la Biblia, rezar el rosario o algún libro de oración al que están acostumbrados. Algunos católicos participan en la misa diaria. Otros visitan el Santísimo Sacramento para tener períodos más largos de oración y adoración personal. Resulta útil establecer un tiempo y lugar más o menos fijos para tu oración. Si tienes una rutina, te resultará más fácil comenzar a rezar cada día y los beneficios de la oración impregnarán tu vida.

Que el *sacramento de la Reconciliación* tenga un lugar privilegiado en tu vida espiritual. Como cantor, te pueden pedir que cantes en un Oficio de Reconciliación comunitaria en tu parroquia. Durante todo el año dirigirás el canto de música que pide la misericordia de Dios. Si estás en contacto con tus propios fracasos a los ojos de Dios, crecerás como hijo o hija de Dios y la sinceridad de tu fe brillará. Dirigirás a los demás de manera significativa en los salmos penitenciales, los himnos de la Cuaresma y el Cordero de Dios porque sabes qué es la culpa del pecado y la misericordia sobrecogedora de Dios.

Aprovecha al máximo los *talleres para cantores* que se ofrecen en tu área. Conoce a los cantores de otras parroquias. Intercambien ideas, refinen sus aptitudes y celebren juntos la liturgia en comunidad.

Dedica tiempo a hacer *ejercicios espirituales* por lo menos una vez al año. Aun cuando no puedas pasar una o más noches en una casa de ejercicios espirituales, trata de dedicar un día entero a la oración y la reflexión. Ve a algún lugar especial, a algún lugar santo donde otros se hayan encontrado con Dios. Participa con devoción en los Oficios del Triduo Pascual para que puedas impregnarte plenamente del el significado de las liturgias de Semana Santa.

Aptitudes musicales

Cultiva tus aptitudes musicales. Entrénate con un maestro de canto. Asiste a conciertos. Escucha buena música grabada. Escucha cómo cantan los profesionales y aprende de ellos. Añade tus propios dones a lo que ellos pueden hacer; tus dones de fe, amor y servicio.

Si apoyas las artes, éstas pueden ayudar tu vida espiritual. Dios se encuentra en los "trascendentales": lo Uno, la Verdad y la Belleza. Cuando tienes una experiencia de lo Bello, te encuentras en el umbral de Dios. Tu espíritu responde de maneras que transcienden a la razón. Sientes asombro. Ese es el misterioso umbral que nos lleva a la presencia de Dios.

Como cantor, te maravillas ante la belleza del canto. Tu instrumento musical es tu persona misma. Cuando cantas, eres tú mismo quien alaba a Dios—no por medio de un órgano, un piano, una flauta ni una guitarra, sino por ti mismo. Dios te creó con una personalidad, un cuerpo y una voz, y los usas para alabarlo.

Cuando cultivas tus aptitudes como cantor, tu voz se hace más hermosa. Se convierte en la puerta por la que los demás entran a la presencia de Dios.

Puedes usar la siguiente oración para prepararte para tu ministerio:

Oración preparatoria

Señor, Creador del universo,
de todo lo que vemos y
de todo lo que oímos,
escucha nuestras oraciones.
Haz que nuestras voces resuenen en alabanzas,
para que te puedan agradar
con palabras y con melodías
que muestren tus maravillas.
Por Cristo, nuestro Señor.
Amén.

Preguntas para el diálogo y la reflexión

1. ¿Cuáles son tus responsabilidades como cantor? ¿Eres salmista, director de canto o cantor?

___

___

___

___

2. ¿De qué manera sientes a Dios mientras cantas?

____

____

____

____

3. ¿Por qué cantas? ¿Cuándo cantas?

____

____

____

____

4. ¿El canto de quién te gusta? ¿Por qué?

____

____

____

____

El ministerio del cantor

> ***"El Señor es digno de alabanza; que les conceda el don de procurar cantarle un nuevo cántico con su voz, su corazón y su vida, para que un día puedan cantar esa canción para siempre en el Cielo".***
>
> — *Traducción del* Book of Blessings, 1339

Música, liturgia y el cantor

Funciones múltiples

En la sección anterior de este libro, reflexionamos sobre el ministerio del cantor y la función que el cantor cumple en la liturgia de la comunidad. Sin embargo, no siempre resulta claro exactamente cómo debemos desempeñar esta función de director musical del canto y de la oración cantada de la asamblea y a la vez seguir siendo miembros de la asamblea. ¿De qué manera animas el canto de tus hermanos y hermanas sin que tu voz abrume la de ellos? ¿Cómo podemos proclamar el Salmo responsorial como la Palabra de Dios cantada con toda la belleza y las aptitudes que tenemos sin convertirnos en el centro de atención de modo que los oyentes puedan recordar la belleza de la Palabra de Dios en vez de la belleza de los sonidos que *nosotros* hacemos? ¿De qué manera te haces transparente, para que la música no domine la liturgia sino que *sirva a* la liturgia[1]?

> ✠ "El papel de la música es servir a las necesidades de la Liturgia y nunca dominarla, buscar entretener, ni llamar la atención sobre sí misma".
>
> —*Cantemos al Señor: La Música en el Culto Divino, 125*

Poder cantar bien es solo el primer paso. Como hemos visto, la actividad principal del cantor no es solo cantar o hacer música. La música es solamente la primera capa del ministerio, el medio para llevarlo a cabo. En los momentos cantados de una liturgia, de hecho, el cantor normalmente cumple tres funciones bien diferenciadas. A veces eres el **director de canto** o **animador**, eres quien fomenta y apoya el canto de la asamblea. Otras veces la asamblea no necesita apoyo vocal y en este caso nuestro trabajo consiste en estar presentes como **miembros de la asamblea** y **actuar como modelos** de lo que se debe hacer en un determinado momento. Por último, durante la Liturgia de la Palabra, te toca ser el **salmista**, el ministro de la palabra cantada, del mismo modo que los lectores son los ministros de la palabra hablada. A veces se te llama a brindar un liderazgo claro y hospitalario a la asamblea, animando directamente a los fieles para que participen con su canto. Otras veces, debes hacer todo lo posible por centrar la atención en el texto de la oración que cantas y esforzarte por hacerte transparente para que las palabras de fe puedan brillar en todo su esplendor. A veces, te tienes que esforzar por ser prácticamente invisible. En cualquiera de estos casos, rápidamente resulta evidente que nuestra función como cantores trasciende los momentos específicos de tocar música o dirigir un canto y afecta cada momento de la liturgia de principio a fin.

Otro enfoque para abordar esto es ver claramente como ministros qué es lo que esperamos que la asamblea recuerde: en los momentos en que nos toca dirigir, queremos que la gente recuerde lo que cantamos para que pueda recordar lo que cantó y pueda cantarlo de nuevo y para que la música que el pueblo canta sea un ritmo de oración. Durante la proclamación del salmo o de la oración, queremos que la gente recuerde las palabras que escuchó, no la belleza del canto o de la voz del cantor. Cuando la gente se siente lo bastante segura con su propio canto y no nos necesita, queremos que ni siquiera recuerde que estuvimos allí.

Un viaje musical por la misa

Resultará útil para tu ministerio que hagas un recorrido musical a lo largo de la misa. La misa se compone de cuatro partes: los Ritos iniciales, la Liturgia de la Palabra, la Liturgia eucarística y los Ritos de Conclusión. Como la mayoría de los cantores sirve principalmente durante la misa, es importante comprender las partes individuales de la misa prestando especial atención al papel que juegan en ellas la música y el cantor.

Ritos iniciales

Los Ritos iniciales son la Procesión de entrada, el Canto de entrada, la Señal de la Cruz, el Saludo, el Acto Penitencial, el Kyrie, el Rito de la Bendición y Aspersión del agua bendita los domingos, el Gloria y la Oración colecta. La finalidad de estos ritos "es hacer que los fieles reunidos constituyan una comunidad y se dispongan a oír como conviene la Palabra de Dios y a celebrar dignamente la Eucaristía"[2].

Canto de entrada (Himno)

La liturgia comienza con un canto o himno que sirve cuatro propósitos. El fin de este canto es "abrir la celebración, fomentar la unión de quienes se han reunido, elevar sus pensamientos a la contemplación del misterio del tiempo litúrgico o de la fiesta, y acompañar la procesión de sacerdotes y ministros"[3]. Es una tarea bastante ambiciosa para un solo canto. La selección musical habitual para este canto es de un himno en estrofas o en versículos y estribillo. La función del cantor es dirigir a la asamblea para que ésta pueda cantar con fuerza, pero la voz del cantor no debe dominar la voz de la asamblea. Mediante una escucha atenta, el uso apropiado del micrófono (o el evitar su uso), el contacto visual y los gestos (por favor consulte la página 45 para obtener más información), podremos lograr que la asamblea cante bien y se sienta cómoda, sin convertirnos en el centro de atención[4].

La Señal de la cruz y el Saludo

Después del Canto de entrada (himno), el sacerdote se santigua y "por medio de un saludo manifiesta a la asamblea la presencia del Señor"[5]. Tanto la Señal de la cruz como el saludo pueden ser cantados por el sacerdote. Si lo hace, el cantor puede entonar la respuesta de la asamblea.

El Acto penitencial

En este rito, "el sacerdote invita al acto penitencial que, tras un momento de silencio, se realiza cuando toda la comunidad hace su confesión general"[6]. Los miembros de la asamblea se alegran por la misericordia de Dios mientras recuerdan sus pecados en silencio. El Acto penitencial puede adoptar tres formas. En la Forma C, el Acto Penitencial consta del Kyrie Eleison con tres tropos que alaban a Dios por el don de la salvación en Cristo Jesús. Éste suele ser dirigido por el cantor y es un ejemplo de letanía. El diálogo entre el cantor y la asamblea es breve y la gente puede cantarlo fácilmente sin mirar el libro. Si la asamblea recién está aprendiendo a usar su voz en canto, una letanía es una excelente manera de empezar. Mientras menos conocida sea la letanía, más claros y expresivos deberán ser tus gestos, tu liderazgo deberá ser evidente y visible. Naturalmente, a medida que la asamblea se familiariza con una letanía, puedes pasar a segundo plano y hacerte más transparente.

El Kyrie eleison

El Kyrie eleison es una aclamación dirigida a Cristo, pidiendo su misericordia, bondad, compasión y salvación. A menos que el Kyrie forme parte del Acto penitencial (es decir, en la Forma C), viene después del mismo. Cuando se canta, el cantor puede entonar la aclamación, y la asamblea la repite.

El Gloria

El Gloria es "un antiquísimo y venerable himno con que la Iglesia congregada en el Espíritu Santo glorifica a Dios Padre y al Cordero"[7] y forma parte del Ordinario de la misa[8]. Los arreglos del Gloria son muchos y variados; algunos son cantados solo por el coro, otros son responsoriales o en forma de versículos en solo y estribillos por el pueblo, y otros están compuestos de corrido. Cuánto liderazgo necesita brindar el cantor depende totalmente de la forma del arreglo musical usado y del conocimiento que tenga la asamblea del arreglo. Como parte del Ordinario de la misa, es mejor que la asamblea se sienta tan cómoda con su parte que no necesite al cantor en absoluto. El Gloria "es iniciado por el sacerdote o, según la oportunidad, por un cantor o por el coro" para incitar la asamblea a que comience a cantar esta oración[9].

El Rito de la Bendición y Aspersión del agua bendita los domingos

Este rito puede reemplazar el Acto penitencial, y puede ser acompañado por música de varias clases. Generalmente la música que lo acompaña es una aclamación en forma responsorial, versículos en solo con estribillo por el pueblo, o una letanía. Con estas formas, el cantor puede entonar el estribillo, la antífona o la aclamación a la cual responde la asamblea.

La Oración colecta

Después de la invitación a que la comunidad haga un breve silencio, el sacerdote reza la Oración colecta. Las palabras de esta oración centran la atención de la asamblea en los misterios que se celebran en esta misa en particular. En ciertos casos el celebrante no dice la Oración colecta, sino que la canta. En estos casos, especialmente si esta práctica es nueva o poco usada, el cantor debe dirigir a la asamblea con la respuesta cantada: "Amén".

Un comentario sobre el Salmo "responsorial"

Muchas personas piensan que el término "responsorial", el cual se aplica al salmo entre las lecturas, alude a la posición del salmo como "respuesta" a la primera lectura. De hecho, aunque los salmos que se encuentran en el Leccionario fueron elegidos de manera que se relacionaran a la primera lectura y al Evangelio del día, el término "responsorial" no alude a la finalidad del salmo sino a la manera de cantarlo. El canto "responsorial", desde antes del canto gregoriano, es simplemente un diálogo cantado entre un cantor/solista y el resto de la asamblea.

Esto puede resultar confuso para algunas personas: no solo exige que muchos de nosotros pensemos en el Salmo responsorial de una manera nueva, sino que encontraremos muchas piezas musicales en la liturgia que se canta de forma responsorial: es decir, alternando entre el estribillo de la asamblea y los versos del cantor.

Liturgia de la Palabra

La Liturgia de la Palabra y la Liturgia eucarística son las dos partes principales de la misa y están íntimamente relacionadas. En la Liturgia de la Palabra, Cristo se hace presente mediante la proclamación de la Sagrada Escritura (el Antiguo Testamento y también el Nuevo). Dios le habla sobre la verdad de salvación a la asamblea reunida y nos abre los oídos a la redención y el corazón a la fe. La Liturgia de la Palabra incluye la Primera Lectura, el Salmo responsorial, la Segunda Lectura (la cual no se da normalmente en las misas de los días de semana), la Aclamación anted del Evangelio, la Homilía, la Despedida de los catecúmenos, la Profesión de fe y la Oración de los fieles. De estos elementos el Evangelio es primordial y la homilía es la conexión entre palabra y sacramento. "La Iglesia ha venerado siempre las Sagradas Escrituras al igual que el mismo Cuerpo del Señor, no dejando de tomar de la mesa y de distribuir a los fieles el pan de vida, tanto de la Palabra de Dios como del Cuerpo de Cristo, sobre todo en la Sagrada Liturgia"[10].

Salmo responsorial

El salmo posterior a la primera lectura es una "parte integrante de la liturgia de la

Palabra" y "fomenta la meditación de la Palabra de Dios"[11]. El Salmo responsorial se analizará con más detalle en la sección "El cantor como salmista" en la página 51 de este libro.

Como su nombre lo indica, el Salmo responsorial normalmente proviene del Salterio pero en algunos días del año en lugar de un salmo se usará un cántico (canto de la Sagrada Escritura) como el Magnificat (Lucas 1,46–55) o el Cántico de los tres jóvenes (Daniel 3,23). Normalmente el Salmo se toma directamente de las lecturas del día en el Leccionario, pero dentro del Leccionario también se encuentran salmos característicos de cada tiempo litúrgico, que pueden emplearse en vez del salmo que corresponde a esa semana[12].

Debido a la gran importancia del salmo en la Liturgia de la Palabra, el salmo se canta desde el ambón (u otro lugar apropiado). Generalmente, el cantor entona el estribillo y la asamblea responde repitiéndolo. Luego el cantor canta los versículos del salmo y la asamblea responde escuchando atentamente estos versículos y cantando el estribillo después de cada uno[13].

La secuencia

Una secuencia es un canto alegre, poético y no bíblico que se canta durante la liturgia de la Palabra antes de cantar la Aclamación antes del Evangelio. El cantor puede entonar los textos solo desde un lugar apropiado, o bien junto con el coro, o puede dirigir a la asamblea.

La Aclamación antes del Evangelio

La Aclamación antes del Evangelio normalmente acompaña la procesión con el Evangeliario. Con este canto de alabanza la asamblea "recibe al Señor que está por hablar en el Evangelio"[14]. Este canto también debe ser una pieza responsorial: el cantor entona el estribillo (generalmente el "Aleluya", aunque este se omite o se reemplaza con otros textos durante la Cuaresma) y luego la asamblea lo repite. Entonces el cantor entona el versículo del Evangelio que se indica para esa liturgia y la asamblea repite el "Aleluya" o el estribillo de Cuaresma.

La Profesión de fe

Cantar el Credo (de los apóstoles o de Nicea) es una opción para los domingos y las solemnidades[15], pero generalmente toda la asamblea recita esta Profesión de fe comunitaria. El cantor, solo o con el coro, puede ser muy útil para las comunidades para las que cantar el Credo es cosa nueva. Una vez que la asamblea ya se haya acostumbrado a cantar esta parte de la misa, puede que el cantor no sea necesario.

La Oración de los fieles

La Oración de los fieles (también llamada Plegaria universal) es la oración de los bautizados en que la comunidad reunida reza a Dios por la Iglesia, el mundo, los oprimidos y la comunidad local[16]. Si ésta oración se canta, el cantor entona cada petición e invita a la asamblea a responder; la respuesta suele ser "Te rogamos, óyenos" o una frase similar. Como en el caso del Kyrie eleison, este es un momento en que las asambleas que no se sienten del todo cómodas con su voz pueden cantar su parte con confianza. Cuando esto sucede, la función del cantor es hacerse a un lado y *dejar que cante la asamblea.*

Otras partes de la Liturgia de la Palabra

LAS LECTURAS DE LA BIBLIA: La primera y segunda lecturas pueden cantarse[17], pero cantar las lecturas le incumbe al lector. Esta práctica no es común pero el personal pastoral puede pedirle a alguien que normalmente sirva como cantor que desempeñe este papel. Por esto, es importante observar que la *OGMR* dice que los ministros ordenados y laicos "hagan todo y solo aquello que pertenece a cada uno"[18]. Esto significa que si un cantor es elegido para cantar las lecturas (debido a su voz agradable, presencia ministerial, buena dicción, etcétera), no servirá durante esta liturgia como cantor sino como lector. Como tal, no debe desempeñar ningún otro papel durante esa liturgia además del de lector.

Cuando sirves como cantor, puedes cantar el final de la primera y segunda lectura ("Palabra de Dios") y dirigir a la asamblea con la respuesta ("Te alabamos Señor")[19].

Un sacerdote o diácono puede cantar el saludo antes del Evangelio ("El Señor esté con ustedes") y el título del Evangelio del día ("Lectura del Santo Evangelio según San . . ."), el Evangelio así como la conclusión ("Palabra del Señor"). El cantor puede suscitar la respuesta de la asamblea ("Gloria a ti, Señor Jesús").

Nótese que el Domingo de Ramos y el Viernes Santo, se le puede pedir a un cantor que participe en el canto de la Pasión. El sacerdote o diácono asume el papel de Cristo, y los cantores (u otros músicos aptos) pueden cantar las demás partes.

EL EXSULTET: Durante la Vigilia Pascual, se canta el *Exsultet* después de la procesión con el cirio pascual (encendido con el fuego pascual recién bendecido) a la iglesia. El *Exsultet,* o Pregón Pascual, es un texto antiquísimo que alaba a Cristo, la luz del mundo que nunca muere, "el lucero de la mañana, esa estrella que no conoce el ocaso", por su obra de salvación que devolvió el mundo a la gracia. Este canto es normalmente prerrogativa del diácono; por razones pastorales, sin embargo, un cantor puede asumir esta difícil tarea. Como se hace notar en el Misal Romano, sin embargo, algunas partes de este canto no pueden ser cantadas por quien no esté ordenado de diácono o sacerdote. Si un cantor proclama el *Exsultet,* esas partes se omiten. Si un diácono proclama el *Exsultet,* el cantor puede dirigir a la asamblea en las respuestas necesarias, así como en el Amén final. Si se le asigna cantar esta pieza tan difícil y sagrada, el cantor debe consultar a su personal pastoral (especialmente el sacerdote, diácono y ministro de música) mientras prepara su canto. El cantor también puede entonar la "Proclamación de Navidad" y la "Proclamación de las fechas de Pascua y Epifanía".

Liturgia eucarística

Durante la Liturgia eucarística (la segunda de las dos partes principales de la Liturgia, ver Liturgia de la Palabra), celebramos lo que el Señor Jesucristo nos ordenó: "tomar, comer y beber" su cuerpo y su sangre. La Liturgia eucarística comienza con la preparación del altar y la presentación de las ofrendas, continúa con la Plegaria eucarística y termina con el Rito de la Comunión (el Padre Nuestro, el Rito de la Paz, el Cordero de Dios, la distribución de la Sagrada Comunión y la Oración después de la Comunión).

El Canto del ofertorio

La Liturgia eucarística comienza con la preparación del altar y la presentación de las ofrendas. Durante este momento "se presentan en el altar el pan y el vino con agua, es decir, los mismos elementos que Cristo tomó en sus manos"[20]. Se prepara el altar y se recogen las ofrendas de dinero[21]. Durante estas acciones se canta un himno o se toca música instrumental. Este canto puede adoptar prácticamente cualquier estilo musical pero suele estar en forma de un himno en estrofas o de versos con estribillo. Como en todos estos casos, el cantor debe hacerse notar solo cuando sea absolutamente necesario para ayudar a que la gente cante su parte.

El Diálogo del prefacio

El Diálogo del prefacio marca el comienzo de la Plegaria eucarística. En algunos casos, el celebrante canta este Diálogo, invitando a la asamblea a cantar las respuestas. Como en cualquier otro momento de oración cantada de la asamblea, la función del cantor es dirigir estas respuestas solo cuando sea necesario facilitar el canto del pueblo, pero sin sobreponerse a sus voces.

Plegaria eucarística y Aclamaciones propias

La Plegaria eucarística es el "centro y culminación" de la misa. La oración es una oración de la gente, es un diálogo entre los fieles y el sacerdote, quien oficia *in persona Christi capitis* (como representante de Cristo) y ofrece esta oración de acción de gracias (el significado literal de la palabra eucaristía) a Dios Padre, por Cristo, en la unión del Espíritu Santo. Las ofrendas de pan y vino, que se han colocado sobre el altar durante la presentación de las ofrendas, son consagradas, santificadas y transformadas en el cuerpo y la sangre, alma y divinidad, de nuestro Señor Jesucristo. Y a la vez, el pueblo reunido se convierte cada vez más en el cuerpo de Cristo.

El cantor a menudo desempeña un papel activo durante la Plegaria eucarística y dirige las Aclamaciones propias. Hay tres aclamaciones en esta plegaria: el Sanctus (Santo, Santo, Santo), la Aclamación memorial y la Doxología. Como el Gloria, estas aclamaciones se consideran parte del Ordinario de la misa y son básicamente las mismas domingo tras domingo[22]. Como son tan breves, las asambleas suelen aprenderlas con bastante facilidad. La mayoría de las parroquias solo tiene unos pocos arreglos de estas aclamaciones que rotan durante todo el año litúrgico: en el caso de las aclamaciones, mientras *menos,* mejor. Cuando el repertorio es fijo y la asamblea se siente cómoda con él, más y más parroquias pueden quitar al cantor del micrófono en estos momentos, lo que permite que el canto pertenezca completamente al pueblo (para un ejemplo de "modelo", ver página 49).

Las siguientes señales son útiles para saber cuándo y qué aclamaciones se deben cantar.

EL SANCTUS: Después del prefacio de la Plegaria eucarística, se canta el Sanctus. Los cantores deben estar atentos a la frase final del prefacio, la cual siempre hace hincapié en el hecho de que nuestra oración se une a la de los ángeles y santos: "Por eso, unidos a los ángeles, te aclamamos llenos de alegría"[23].

ACLAMACIÓN MEMORIAL: La aclamación memorial viene después de las palabras de institución en la Plegaria eucarística y antes de la Anámnesis. Esta palabra griega significa recordar. Y en este momento participamos de lo que recordamos: "la bienaventurada Pasión, su gloriosa Resurrección y la Ascensión al cielo"[24], de Cristo. El Cielo y la tierra se unen. Recordamos los acontecimientos pasados de salvación. Este acto de salvación entonces se hace presente para nosotros ahora mismo. Y a la vez esperamos lo que todavía está por venir: la gloriosa segunda venida de Cristo en el fin de los tiempos.

La Aclamación memorial viene después del relato de la institución de la Eucaristía. El cantor dirige a la asamblea en una de cuatro aclamaciones (por favor lea la nota 22).

DOXOLOGÍA: Al final de la Plegaria eucarística, el sacerdote canta (o dice) lo que se llama la doxología final: "Por Cristo, con él, y en él, a ti, Dios Padre omnipotente, en la unidad del Espíritu Santo, todo honor y toda gloria por los siglos de los siglos". La asamblea responde diciendo: "Amén" (lo que llamamos "el Gran Amén"). El cantor puede dirigir esto también.

Consulta la página 45 para leer sobre la postura y otras reflexiones sobre la función del cantor durante la Plegaria eucarística.

Oración dominical

La Oración dominical (el Padre Nuestro) puede cantarse. Ya sea la versión gregoriana tradicional[25] o una versión de composición contemporánea, es sumamente importante que la gente pueda participar y que el cantor fomente dicha participación haciéndose lo más transparente posible.

Agnus Dei/Cordero de Dios

El Agnus Dei o Cordero de Dios es otra parte del Ordinario de la misa, también en forma de letanía. A diferencia de las demás letanías que usamos cada semana en la liturgia, esta letanía acompaña un rito litúrgico específico, la fracción del pan. Durante este rito, el sacerdote parte el pan eucarístico. Un trozo de la hostia consagrada se deposita en su cáliz. Esto significa "la unidad del Cuerpo y la Sangre del Señor en la obra de la salvación, es decir, del Cuerpo de Cristo Jesús vivo y glorioso"[26].

Generalmente, el Agnus Dei (Cordero de Dios) es una letanía que consta de tres partes: "Cordero de Dios que quitas el pecado del mundo, ten piedad de nosotros. Cordero de Dios que quitas el pecado del mundo, ten piedad de nosotros. Cordero de Dios que quitas el pecado del mundo, danos la paz". Cuando hay un gran número de fieles reunidos para la Eucaristía y se necesitan más ministros extraordinarios de la Sagrada Comunión y vasos sagrados, este rito toma más tiempo de lo que dura la letanía. Muchas colecciones musicales prevén dicha necesidad y ofrecen arreglos del Agnus Dei con tropos adicionales de manera que dure cuanto dure el rito (por ejemplo, Pan de Vida, Esperanza para todos, etcétera). En estos casos, el Agnus Dei puede extenderse para que cubra todo el rito; la invocación final siempre termina con la frase "Danos la paz"[27].

Canto de la Comunión

En lo que respecta a la participación de la asamblea, el canto de la Comunión presenta quizás la mayor dificultad para el cantor. Los ritos de la Iglesia establecen claramente que éste es un momento en el cual toda la asamblea debe cantar (aunque también se hacen previsiones para que sea un pieza exclusivamente del coro)[28] y sin embargo la gente está caminando en procesión, comulgando, regresando a su lugar y dando gracias. ¿También se espera que la gente *cante*? El cantor debe mantener un delicado equilibrio. Por un lado, si se elige un canto para la asamblea, es importante que continuemos usando nuestra s mejores aptitudes para dirigir y dar fuerzas a la asamblea de modo que halle su propia voz. Por otro lado, si en nuestra parroquia muy poca gente elige cantar esta pieza, es importante que nuestra presencia audible y devota en el micrófono sea suficiente para que quienes quieran unirse al canto en versos subsiguientes sepan dónde estamos y así el canto se proclame con belleza.

Debido a que este rito por su naturaleza es procesional, no resulta muy práctico cantar un himno en estrofas (con su estilo elaborado y sin repeticiones). La música en forma de versos en solo con estribillo repetido por todos puede ser la mejor opción, ya que le da a la gente en los bancos la oportunidad de unirse al canto si lo desea y a la vez les brinda un estribillo fácil de cantar de memoria a los que caminan en procesión para comulgar. La música que se canta de forma responsorial también es apropiada para el canto de la Comunión, ya que también le ofrece al pueblo un estribillo que puede cantar fácilmente mientras circula por el espacio litúrgico. Como sucede con el Canto de entrada, el Misal Romano especifica un conjunto de Antífonas de la Comunión para que cante el pueblo, y actualmente existen algunos arreglos musicales de esas antífonas. Por favor consulte la lista de materiales de la página 73.

El Canto de alabanza

Después de la distribución de la Sagrada Comunión, "el sacerdote y los fieles, si es oportuno, oran un rato recogidos"[29]. Los documentos litúrgicos nos invitan a entonar un Canto de alabanza con toda la asamblea después de este silencio. Aunque esta opción todavía no se ejerce en muchas parroquias, la tradición está creciendo lentamente a medida que más y más parroquias descubren cuán eficaz puede ser un canto comunitario de agradecimiento después de la Sagrada Comunión para reafirmar nuestra unidad y unión después de haber recibido individualmente el sacramento y la oración privada posterior[30].

Oración después de la Comunión

La Oración después de la Comunión concluye el Rito de la Comunión. Así como la Oración colecta, la Oración después de la Comunión puede ser cantada por el celebrante. Si se canta, el cantor puede dirigir el "Amén" de la asamblea, especialmente si esta práctica es nueva o poco habitual para la parroquia.

Ritos de conclusión

Los Ritos de conclusión comienzan después de la Oración después de la Comunión. En este momento, se comunican los anuncios, se da la Bendición final y se invita a la asamblea, que ha sido transformada por la palabra que escuchó y la Eucaristía que recibió, a "dar gracias a Dios"[31].

El saludo final, la bendición y la despedida

El "saludo y bendición sacerdotal, que en algunos días y ocasiones se enriquece y se amplía con la oración sobre el pueblo o con otra fórmula más solemne; [y] la despedida del pueblo por parte del diácono o sacerdote, para que cada uno vuelva a sus buenas obras, alabando y bendiciendo a Dios" se pueden cantar[32]. Si la asamblea no está familiarizada con esta práctica o recién está aprendiendo la respuesta cantada, sería bueno que el cantor dirigiera esta respuesta.

El Canto de salida

Aunque es una práctica común en los Estados Unidos el concluir la misa con un canto de despedida, es muy interesante hacer notar que la *Ordenación General del Misal Romano* ¡no menciona este canto! *Cantemos al Señor: La Música en el Culto Divino,* un documento litúrgico de la Conferencia de Obispos Católicos de los Estados Unidos, reconoce esta costumbre estadounidense. Este documento recomienda: "Si bien no es necesario entonar un canto de salida, el pueblo puede unirse en un himno o canto después de la despedida en caso que sea costumbre (Véase IGMR, n. 90). Si se entona un himno de salida, se deberá velar para que la procesión de ministros termine con la estrofa final. Algunas veces, por ejemplo, si se canta un himno después de la Comunión, lo apropriado será elegir una opción diferente para la salida. En vez de elegir un canto comunitario, se podrá escoger otras opciones incluyendo una pieza coral o instrumental, o especialmente en el tiempo de Cuaresma, el silencio".[33] La música seleccionada puede ser un canto, himno, canto gregoriano y, similar al Canto de entrada, se realiza en la forma de estrofa, verso-estrofa, recibiendo un trato similar por parte del cantor.

El cantor como músico

Aunque nos damos cuenta que el cantor hace otros papeles que van *más allá* de su papel como cantante, (director de canto y salmista son los papeles primarios en lo que se refiere a su ministerio), debe quedar claro que su papel como músico ocupa un lugar central en ese ministerio—sin esto no se va a lograr nada. De hecho, a menos que el cantor esté bien entrenado y bien preparado (sin mencionar que esté bien de salud), el preocuparse demasiado por los tecnicismos del canto y la música puede inhibir seriamente su ministerio, ya que esta preocupación le forzará a enfocarse en sí mismo más bien que en la liturgia y en la asamblea que se supone esté sirviendo.

Entrenamiento

Ante todo, el cantor deberá tener una voz agradable y saber usarla lo mejor posible[34]. La capacidad de cantar sin desentonar, de alcanzar todas las notas en la gama de lo que canta (una gama que normalmente no exige mucho, porque casi todo el repertorio del cantor tiene que ajustarse a las posibilidades de la asamblea), y con la fuerza y claridad de voz que hacen falta para proclamar bien la música, es el primer requisito para este ministerio—un requisito indispensable. Aunque hay personas a quienes esto les viene naturalmente (o que lo han cultivado desde la infancia), otros necesitarán entrenamiento adicional. La mayoría de los directores musicales de las parroquias, o pueden ofrecer esa ayuda, o si no pueden, podrán con gusto recomendar a sus cantores algún maestro particular o algún grupo de estudio para que se mejoren en su ejecución musical. También el departamento de música de alguna universidad local o hasta de una escuela superior puede ayudar a conseguir un buen entrenador de voz.

La capacidad de leer música también es muy valiosa, y cualquier cantor que no la haya adquirido debe tratar de adquirirla tan pronto le sea posible. La capacidad de aprender por su cuenta nuevas piezas musicales favorece la independencia y la confianza en sí mismo, y ahorra una gran cantidad de tiempo y trabajo cuando hay que aprender algún canto nuevo. No se puede decir más claramente: si no sabes leer música, vale la pena que aprendas. No saber leer música no excluye a nadie de servir como cantor. Si un cantor no lee música, pero tiene buen oído, vale la pena planificar tiempo extra para los ensayos—tal vez hasta dos ensayos por semana—especialmente

> *Las expresiones "bien entrenado" y "bien preparado" no significan que el cantor necesite haber estudiado técnica vocal. Un buen cantor debe tener una voz agradable, poder cantar sin desentonar, y demostrar capacidades de liderazgo hospitalario en espíritu de oración.*

cuando está aprendiendo cantos nuevos. Hasta puede valer la pena grabar la nueva música y tocarla cuando uno está manejando el automóvil, limpiando la casa, o cuando haya un rato libre para ensayar a solas, y así ir aprendiendo el canto de memoria. *¡Note que esto también conviene para los que ya leen música!*

La preparación del cantor

> ### *Reglas para el cantor*
>
> *1. Comer una dieta balanceada.*
>
> *2. Evitar la cafeína, el azúcar refina, las comidas con mucha fécula y el alcohol.*
>
> *3. Mantenerse en buena forma física.*
>
> *4. Evitar la tensión nerviosa (estrés).*
>
> *5. Beber gran cantidad de agua.*
>
> *6. Hacer ejercicios vocales para "entrar en calor".*

Toda persona que ha servido en el ministerio de cantor conoce bien el trabajo que implica y sus diversas facetas. Demos un vistazo a las distintas actitudes que debe tener un cantor en términos de la preparación balanceada, y del trabajo físico, mental y espiritual que hay que hacer.

El cuidado de la voz

Una diferencia importante entre los cantantes y los demás músicos es que su "instrumento musical" no es un aparato de metal o de madera, sino una parte de su propio cuerpo. Todo instrumento musical necesita buen cuidado y precaución contra daños y desperfectos, el instrumento del canto no es una excepción. Y esto se complica por el hecho de que los cantantes no podemos mirar nuestro instrumento y examinarlo a ver si muestra señales de sobre-uso o de algún desperfecto; solo podemos tener una idea de si nuestro instrumento está lastimado a base de cómo nos sentimos en ese momento. Además, las medicinas o tratamientos para algunas enfermedades, por bien que estén cumpliendo su misión primaria, a menudo pueden tener efectos negativos sobre la calidad de nuestra voz. Por eso, la precaución contra daños es la mejor manera de mantener nuestro instrumento en buen estado—si uno cuida su cuerpo de pies a cabeza, su instrumento vocal en la mayoría de los casos se cuidará a sí mismo. Ya sabemos lo que esto implica: comer una dieta razonable y balanceada, no tomar demasiada cafeína, demasiada azúcar refina, demasiados alimentos con fécula, ni demasiadas bebidas alcohólicas. Hacer ejercicio con regularidad, descansar suficientemente, evitar la tensión nerviosa (estrés). Las ansiedades mentales o emocionales tienen efectos profundos e inmediatos sobre el cuerpo en general, y tienden a manifestarse muy pronto en la garganta y en la voz. Hay que estar consciente de cómo uno usa la voz en situaciones que no tienen que ver con el canto. El abuso de las cuerdas vocales y una manera de hablar poco saludable pueden arruinar totalmente la mejor técnica de canto. Sobre todo, *hay que mantenerse bien hidratado* en todo tiempo, no solamente cuando uno va a cantar. No podemos cuidar de nuestra voz si no cuidamos de nuestra persona en su totalidad—esto no se puede enfatizar bastante.

Comenzando en la página 40 daremos un vistazo a algunos ejercicios sencillos para "entrar en calor", y a algunos temas que afectan la salud de nuestras cuerdas vocales, y en la página 73 se ofrecen otros materiales útiles. Pero la técnica vocal es un tema muy complejo, que no se pude aprender con un libro—siempre es mejor trabajar con un director de coro o un entrenador personal de voz.

Preparación física ("Entrar en calor")

Si uno se entra en su automóvil en una mañana fría de invierno, sale del garaje y enseguida entra en la autopista a 60 millas por hora, no se debe sorprender de que el auto no funcione tan bien como debe. Tampoco un atleta salta de la cama por la mañana, se toma una taza de café en tres tragos, y enseguida comienza a correr un maratón. Pero muchos de nosotros tratamos el equivalente vocal de esto los domingos por la mañana, especialmente si nos toca cantar en la primera misa. Pero tenemos un deber hacia nuestro "instrumento"—o sea, hacia nuestro cuerpo, hacia nosotros mismos—el deber de preparar nuestra voz para el trabajo que va a hacer, si es que lo vamos a hacer bien, y sin averiar nuestro "instrumento".

Muchos cantores dependen de una botella de agua, la cual tienen que tener a la mano siempre que cantan. A menudo esta dependencia se debe a que no se hidratan de manera regular, 24 horas al día y siete días a la semana. Una hidratación regular y constante corregirá la necesidad de tomar un sorbo de agua después de cada canto, aun en lugares donde el aire esté muy seco.

En las páginas 41–43 aparecen ejemplos de ejercicios sencillos para que las cuerdas vocales entren en calor. Cada individuo tendrá su manera de preparar su voz, pero los componentes básicos normalmente serán los mismos: estirar el cuerpo, entonar la respiración, fonación básica, cantar con notas bajas, cantar con notas altas y enunciación clara.

> *Es obvio que estos ejercicios de estirarse solamente se deben hacer en cuanto uno puede hacerlos sin hacerse violencia, y se deben interrumpir al momento que se sienta dolor. El dolor es una señal que manda el cuerpo para hacernos saber que nos estamos pasando de la raya. ¡Hay que hacerle caso!*

ESTIRAMIENTO: Estira ambos brazos por encima de la cabeza. Estira lentamente un brazo a la vez como si estuvieras trepando una escalera de soga; siente cómo se estiran ambos lados de tu cuerpo hasta la cintura. En esa misma posición, extiende gradualmente el brazo izquierdo sobre la cabeza y empuja hacia la derecha, como si estuvieras haciendo la letra C. Mantén esa posición unos momentos y luego vuelve al centro. Realiza el ejercicio inverso (estira el brazo derecho sobre la cabeza y empuja hacia la izquierda.) Luego sacude ligeramente los brazos y hombros.

Deja caer los brazos hacia los lados y lentamente haz círculos con los hombros: muévelos hacia adelante, hacia arriba, hacia atrás y hacia abajo. Repite este movimiento varias veces y luego haz lo mismo en dirección opuesta (abajo, atrás, arriba, adelante). Baja la cabeza (solamente la cabeza; mantén los hombros erguidos, en una posición cómoda y relajada). Mueve la cabeza suavemente hacia un lado: acerca la oreja derecha al hombro derecho con cuidado de no levantar los hombros. Siente cómo se estira el lado izquierdo del cuello. Vuelve lentamente la cabeza al centro y luego realiza este ejercicio hacia tu izquierda de modo que sientas cómo se estira el lado derecho de tu cuello. Repite este ejercicio a un lado y al otro varias veces. Para finalizar, baja la cabeza, inhala lentamente, levanta la cabeza al inhalar y luego exhala, manteniendo la cabeza erguida.

Masajea suavemente los músculos faciales unos minutos, concéntrate especialmente en los de las mejillas y la barbilla. Estira y arruga la cara unas cuantas veces, para relajarte y soltar cualquier tensión que pueda haber quedado en estos músculos. Si no tienes quién te ayude, tú mismo puedes darte un masaje suave de cuello y hombros para relajar la tensión de la cara y la cabeza.

EJERCICIOS DE RESPIRACIÓN: También necesitamos ejercitar los músculos del pecho y de la espalda, cuya labor principal es ayudarnos a respirar. Respira profundo, ya sea solo por la nariz o por la nariz y la boca, siente cómo el aire te llena el pecho y expándelo hasta la cintura; luego exhala lentamente. Repite este ejercicio varias veces. (Muchos cantantes experimentados combinan estos ejercicios de respiración con los de estiramiento; de este modo cada ejercicio aumenta la eficacia del otro y se ahorra un poco de tiempo).

FONACIÓN BÁSICA: La mayoría de los cantantes, antes de realizar los ejercicios específicamente dirigidos a precalentar las cuerdas vocales, hacen algunas fonaciones sencillas, dependiendo de su tipo de voz. Realizar una serie de sonidos suaves tales como zumbidos, suspiros o sonidos agudos como de sirena con una vocal neutra, como la O, ayuda a "despertar" las cuerdas vocales y soltar sus movimientos.

Algunos prefieren hacer estos movimiento de cabeza en forma de círculo, primero hacia la derecha, luego hacia atrás, luego hacia la izquierda, y finalmente hacia el frente. Pero si esto no se hace debidamente, puede causar una seria incomodidad en el cuello, y en fin el estirarse hacia atrás no hace mucho más bien de lo que produce el estirarse hacia el frente.

CANTO AL FONDO BAJO DE LA GAMA: Para estos ejercicios resulta muy útil contar con un piano o teclado. Cantar combinaciones sencillas de notas (como la que presentamos a continuación) bajándolas medio paso cada vez que se repite, ayuda a "despertar" los registros bajos de la voz:

CANTO AL FONDO BAJO DE LA GAMA: Estos ejercicios se pueden hacer con mucha más facilidad y eficacia si se tiene acceso a un piano o algún teclado. Cantar combinaciones sencillas de notas (como la que aquí presentamos) bajándolas medio paso cada vez que se repite el ejercicio, ayudan a "despertar" los registros bajos de la voz:

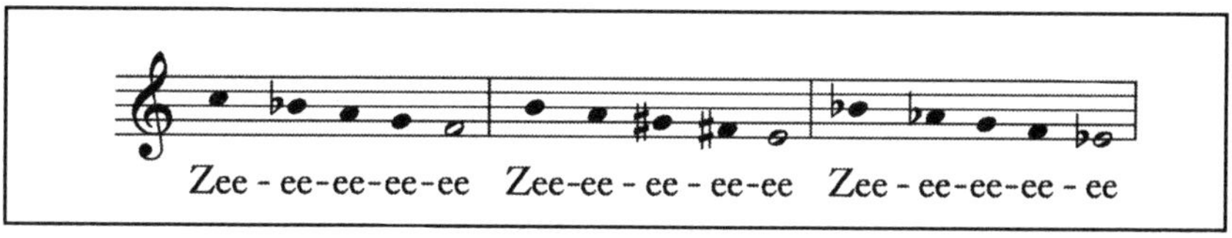

Avanza medio tono cada vez, a un volumen suave y neutral (no fuerces la voz, especialmente si la estás despertando y precalentando). Llega al punto en que puedas cantar cómodamente; poco a poco, intenta extender un poco tu gama, pero ¡no la fuerces! También puede resultarte útil variar las vocales que cantas; generalmente cuando cantas en los registros bajos de la voz es más fácil emplear vocales "brillantes" como la "e" o la "i". Una vez que te sientas cómodo con la "i" puedes intentar realizar el mismo ejercicio con una "a" o alternando las "i" y las "a":

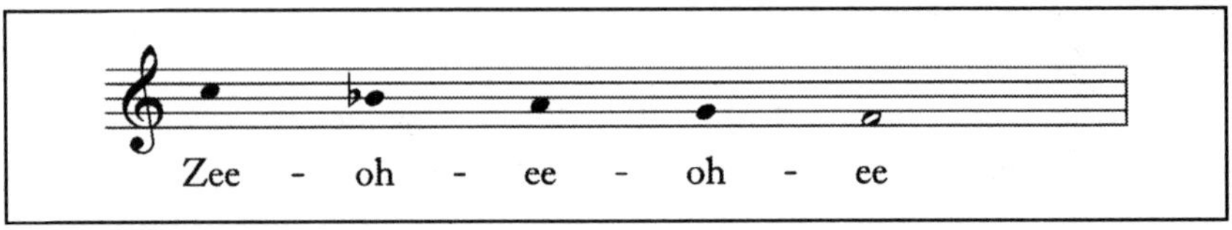

CANTO A LA PARTE ALTA DE LA GAMA: De la misma manera que sucede con los ejercicios para precalentar la parte más baja de tu gama, cantar algunas tonadas sencillas con diferentes vocales ascendiendo medio tono cada vez, puede ser una buena forma de "despertar" los registros altos de tu voz.

A continuación presentamos algunos ejercicios de precalentamiento para llegar paulatinamente a los registros más altos y algunas sugerencias con diferentes vocales. Las combinaciones, por supuesto, son infinitas. Usa tu imaginación y descubre qué funciona mejor para ti.

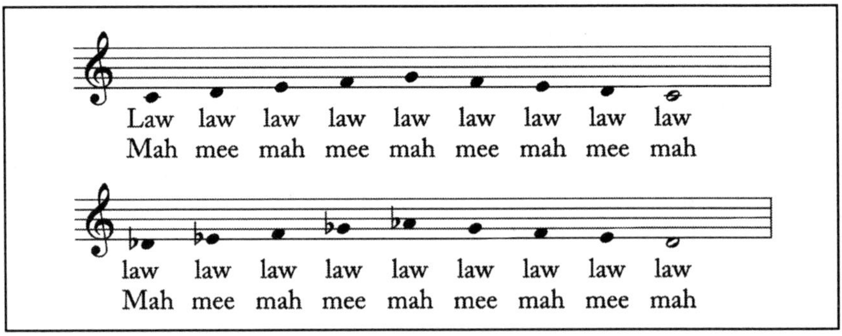

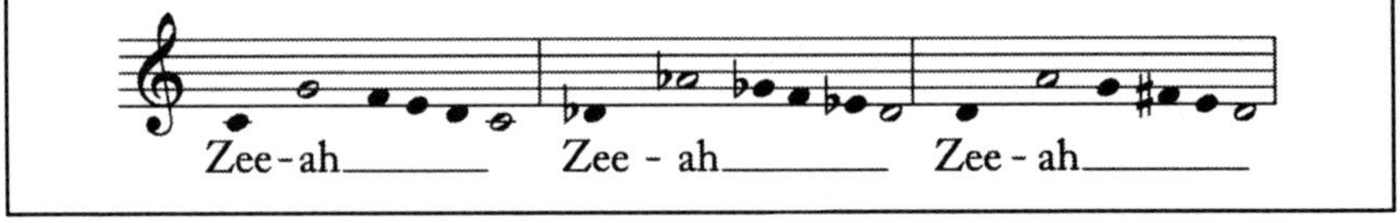

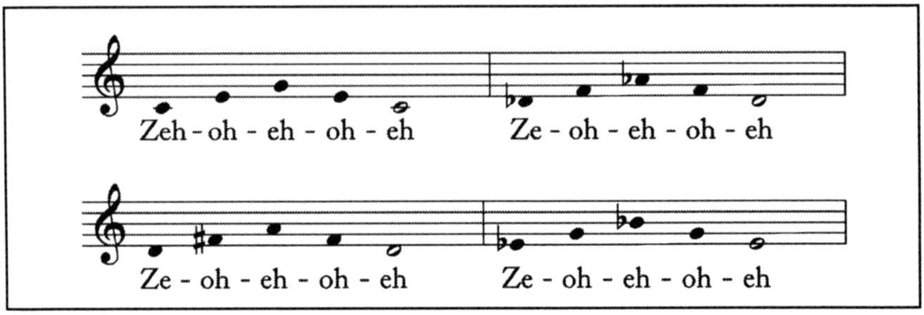

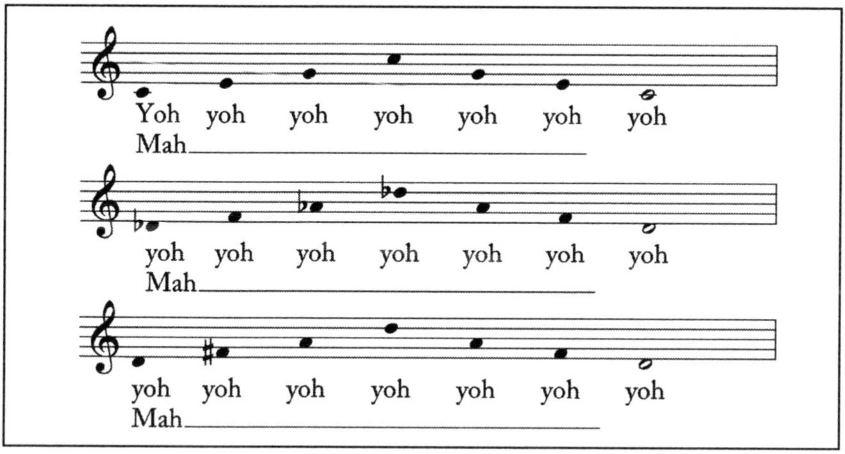

De la misma manera que con los ejercicios de parte baja de la gama, aunque con el tiempo queremos ampliar nuestra gama, no debemos *forzar* la voz. Nunca es bueno cantar hasta el punto de sentir dolor o incomodidad y esto es particularmente contraproducente en los ejercicios de precalentamiento.

ENUNCIACIÓN CLARA: Estos últimos ejercicios son para hacer que los elementos de la boca que participan en la pronunciación (dicción) se muevan con soltura. Cuando nos acabamos de levantar por la mañana, los labios, la lengua, las mejillas y la barbilla están tan soñolientos como el resto del cuerpo, y necesitan algo que los despierte suavemente. Una vez más, hay infinidad de opciones. Por ejemplo, cualquier "trabalenguas" conocido (por ejemplo, R con R cigarro; En tres tristes trastos; María Chuchena su choza) puede poner esas partes de la cara en movimiento, e irlas despertando y soltando.

Aprendiendo nuestra música

Cuando hablamos de la parte mental de la preparación musical, nos referimos principalmente al aprendizaje de las notas y la letra de cualquier parte de la liturgia que debamos cantar. Esto no debería hacer falta decirlo, pero es imperativo que los cantores **sepan su música** de atrás para adelante. Deben ensayar o repasar todas las piezas musicales de la liturgia antes de cantarlas, aún si creen que conocen perfectamente el canto o el himno en cuestión. Algunas veces una melodía conocida tiene un texto diferente, algunas veces el texto de la tercera estrofa es diferente al de la segunda; algunas veces un himno está en un tono más alto del que acostumbras a cantar. Algunas veces es posible que lleves uno o dos años sin cantar un canto que conoces bien. Esto es doblemente importante en el caso de la música nueva: si no conoces una pieza, tienes que dedicar *tiempo suficiente* para aprenderla de modo que puedas cantarla, no solo correctamente, sino con toda confianza y seguridad para poder dirigir y apoyar el canto de la asamblea.

No basta con que leas mentalmente los textos y la música que vas a cantar; es de suma importancia que *cantes físicamente* la pieza que estás preparando. Los científicos hace tiempo se han fijado en los beneficios de la "memoria muscular" que se crea al repetir las actividades. La repetición crea patrones neuronales que hacen que sea más fácil repetir la acción; mientras más se repita, más fuerte será el patrón. Aunque a veces pueda ser difícil encontrar oportunidad para esto, es importante que el cantor encuentre un lugar y un momento para ensayar a toda voz[35] sin sentir la necesidad de contenerse.

A menos que estés absolutamente familiarizado con las palabras, tonos y ritmos de la música que cantas, será imposible librarte de la música para poder cumplir las demás funciones de este importante ministerio.

La música fuera de la liturgia

A pesar de que ser cantor exige mucha preparación, nunca debemos olvidar que lo hacemos porque nos encanta. Algunas veces nos encerramos tanto en nuestra vida como ministros de música litúrgica que olvidamos cómo disfrutar de la buena música, de cualquier tipo. Asegúrate, mientras te esfuerzas por dar lo mejor de ti como cantor, de recordar que el mejor cantor *siempre* será alguien que ama la música. Debes disfrutar de tu ministerio pero también debes expandir tus horizontes musicales para poder disfrutar distintos géneros y estilos musicales. Si te gusta la música clásica sinfónica, compra boletos para los conciertos de la filarmónica, pero también abre el corazón escuchando una estación radial de jazz, compra un CD de música africana o ve a bailar salsa. Si te atreves, pídele un CD a tu hijo adolescente y aprende a disfrutarlo. La mejor manera de comprender a un grupo cultural o generacional es aprendiendo a comprender su música. Mantén vivo tu amor por la música y así nunca te agotarás como ministro de música ni perderás tu capacidad de maravillarte ante lo que cantas.

El cantor como director o animador de canto

Cuando pensamos en el ministerio del cantor, probablemente la primera imagen que se nos presenta es la del director de canto o "animador". Pero aunque nos resulta fácil hablar del "papel" del animador, del que dirige y anima el canto del pueblo sin sobrepujarlo con su voz, no solemos abordar los aspectos prácticos de "cómo" ejercer este ministerio.

El "cómo" del papel de animador no es un acontecimiento aislado sino un proceso que se desarrolla con el correr del tiempo. El proceso también es dinámico, ya que debemos tener en cuenta a la asamblea presente en una determinada parroquia en un determinado momento. No hay una única manera "correcta" de dirigir el canto de la asamblea. Nuestra responsabilidad es llegar a conocer nuestras asambleas de la misma manera en que aprendemos y conocemos nuestra música y cultivar su instrumento musical—su voz—con el mismo cuidado que le damos a nuestra propia voz. En este aspecto, somos verdaderos "ministros de la hospitalidad" y no solo ministros de música. Estamos allí para brindar asistencia y seguridad a quienes servimos, para ayudarlos a sentirse no solo bienvenidos sino completamente cómodos en la liturgia.

Expresiones faciales y gestos

Aunque muchos de los factores que determinarán si una asamblea esté dispuesta a cantar en la liturgia están fuera de nuestro control, hay un factor que depende exclusivamente de nosotros: tu rostro y la imagen que proyectas mientras cantas y diriges el canto. Tu actitud es lo que ayudará a la gente a sentirse bienvenida y autorizada para cantar la liturgia. Si puedes aprender a ejercer tu ministerio público con calidez, franqueza, receptibilidad y seguridad y demostrarlas en tu rostro, la gente responderá favorablemente. Y si no puedes suscitar su respuesta desde el principio de la liturgia, será mucho más difícil suscitarla luego.

Una vez que tu rostro sonriente y tu voz cálida y segura hayan captado la buena disposición de la gente para cantar, el papel del director de canto o animador se centrará en los gestos que usamos para animar y fortalecer el canto de la asamblea. El repertorio de gestos que usa un cantor es sumamente variado y dependerá en cada momento de diversas variables:

1. **Asuntos relacionados con la música:** ¿Cuál es la forma musical de la pieza?

2. **Asuntos relacionados a la hospitalidad**: ¿Hasta qué punto conoce la asamblea esta pieza? ¿Cuál es la "personalidad" de la asamblea en un determinado momento del día?

3. **Asuntos relacionados al espacio**: ¿De qué tamaño es el espacio litúrgico? ¿Cómo de numerosa es la asamblea? ¿Qué estatura tiene el cantor? ¿Cuál es el lugar del cantor en relación al resto de la asamblea? ¿Está el cantor en un lugar donde pueda ejercer el liderazgo fácilmente?

4. **Asuntos relacionados al micrófono y al atril**: ¿Cuál es la calidad del sistema de sonido y a qué distancia del micrófono debe estar el cantor para lograr una amplificación óptima (sin sobreponerse a la voz de la gente)? (Debes tener en cuenta que la respuesta será diferente para cada cantor, ya que la calidad vocal de cada persona, los micrófonos y la acústica de esa iglesia en particular determinarán este factor.) De la misma manera, ¿está bien colocado el micrófono, de modo que las consonantes se escuchen claramente, sin que estallen las "p" o demás consonantes oclusivas? ¿Está el atril a una altura apropiada para leer la música o tiene el cantor que sostener la partitura en la mano para poder verla claramente? y ¿qué se puede hacer para solucionar esto? ¿Permite la colocación del micrófono, del atril y de las partituras que el cantor gesticule y dé vuelta a las páginas sin chocar con el atril o el micrófono?

Estas preguntas son solo una guía inicial. Mientras más atención prestes a las particularidades de las asambleas y los espacios, más larga será esta lista de variables y tus gestos y presencia reflejarán cada asamblea individual.

El gesto básico será más o menos así: En el último compás antes de comenzar a cantar, *mientras inhalas,* haz que tu respiración sirva de impulso para que alces los brazos en una suave curva similar a la postura de oración con brazos extendidos que emplea el celebrante en diversos momentos de la liturgia: los brazos alzados y extendidos a los costados, ligeramente por encima de la cabeza.

En el primer compás que cantes, deja que las manos se extiendan un poco, mientras invitas a la gente a unirse al canto. La altura de los brazos dependerá del tamaño del espacio litúrgico y de la estatura del cantor. Un cantor alto que canta en un espacio pequeño quizás solo deba alzar los brazos a la altura de los hombros como si estuviera por abrazar a alguien. Un cantor bajito en una iglesia grande probablemente deba alzar mucho más los brazos y formar la letra "v" para que la asamblea pueda verlo.

En espacios litúrgicos más pequeños o si el grupo conoce bien la música, los gestos con un solo brazo serán más que suficientes. Si una asamblea pequeña conoce bien la música, algunas veces basta con tan solo una expresión facial: levantar la cabeza y hacer contacto visual con la asamblea. Es importante recordar que con cualquier tipo de gesto debe hacerse con suficiente *anticipación* para que la gente tenga tiempo de respirar antes de cantar: recuerda que no solo la estás invitando a cantar contigo, la estás invitando a *respirar* contigo antes de comenzar a cantar. Éste es el único absoluto, casi todo lo demás que tiene que ver con los gestos del cantor (cuándo, cómo de amplio, cuán a menudo) estará directamente relacionado con nuestra capacidad de responder a lo que oímos en nuestras asambleas. Habla con el director musical de tu parroquia. ¡Experimenta un poco! Si le prestas atención a tus propios gestos, pronto sabrás que funciona mejor para ti y suscita la mejor respuesta de la gente.

Un gesto con un solo brazo es apropiado en espacios pequeños o cuando la música es conocida.

Regla para gesticular #1: *El gesto se hace antes de cantar; la asamblea no solo debe poder cantar contigo, sino respirar contigo.*

Escuchar la voz de la asamblea

Escuchar la comunidad es quizás el aspecto más difícil de aprender y sin embargo es quizás el más importante. Poder escuchar y responder a nuestras comunidades, sin dar nada por descontado y siempre reaccionar a lo que oímos minuto por minuto, segundo por segundo, adaptando nuestra reacción a lo que escuchamos, es vital para nuestro ministerio.

También es un aspecto muy difícil de explicar o enseñar con un texto; aun con los consejos y sugerencias que este libro ofrece, lleva años adquirir esta destreza.

Ante todo y sobre todo, como ya hemos dicho, es *imprescindible* que los cantores conozcan con absoluta seguridad las notas, palabras y ritmos de la música que están cantando. Si su director no se siente completamente seguro, el pueblo no solo no obtendrá el apoyo que necesita y merece, sino que probablemente pensará que si el cantor no puede cantar bien esa pieza, mucho menos podrán hacerlo ellos. Si no estás seguro de la letra y la música, se te va a hacer muy difícil establecer un vínculo real con la asamblea y escucharla.

Las distintas formas musicales también afectan tus gestos. En un himno en estrofas, la asamblea puede necesitar un gesto enérgico para emprender el canto al principio del himno; por otro lado, si tu espacio litúrgico cuenta con un buen instrumento y el himno es muy conocido, el gesto tal vez no sea necesario. Con una pieza musical en versículos y estribillo, algunas comunidades necesitarán un gesto al principio de cada estribillo; otras no. (En este caso, por lo menos una expresión facial en el momento que la asamblea debe empezar su parte del canto suele resultar útil, a menos que el espacio sea tan amplio que no se vea siquiera un gesto enérgico con la cabeza).

> ***Regla para gesticular #2:*** *Gesticula solamente cuando creas que el gesto hace falta. Si el pueblo no necesita que gesticules para facilitar su canto, entonces no lo hagas.*

Una pieza musical cantada de forma responsorial sin duda requerirá un gesto cada vez que al pueblo le toque entrar con el estribillo. Como regla general, siempre que cambia el status quo (por ejemplo, cuando al pueblo le toca cantar después de un solo), se necesita un gesto. Lo mismo se aplica a las letanías, excepto que en una letanía muy larga (por ejemplo, la Letanía de los santos o una letanía extensa y conocida para la Oración de los fieles) el cantor puede atenuar o eliminar el gesto hacia el final. No hagas gestos a menos que estos verdaderamente hagan falta. Si el gesto no es necesario, no lo hagas.

Entonces, ¿cómo sabemos cuándo es necesario hacer gestos o señales? ¿Cómo sabemos cuándo alejarnos del micrófono y cuándo hacernos visibles?

Curiosamente, responder esta pregunta no es tan difícil como parece y la mayoría de los cantores (cuando superan sus propias dificultades con la música y los textos) puede responderla bastante fácilmente—una vez que adquieren el hábito de preguntársela. Es una pregunta que debemos hacernos, no solo en una vez en cada liturgia, sino literalmente decenas o cientos de veces.

Cuando haces un gesto al principio de un himno conocido en la presentación de las ofrendas, por ejemplo, mira al pueblo para ver cuántas personas tienen la letra en sus manos y están listas para cantar. Mira cuántos realmente están respirando contigo. Cuando comienzas a cantar, escucha con atención para discernir si puedes oír la voz del pueblo cantando contigo. Si puedes oírlos claramente, aléjate ligeramente del micrófono. Después de un par de compases, escucha con atención otra vez. ¿Se fortaleció o se debilitó la voz del pueblo cuando te alejaste del micrófono? Si se debilitó, entonces acércate otra vez al micrófono para que te puedan oír bien el resto del verso. Escucha *otra vez* al llegar al estribillo, que suele ser la parte del canto en que el pueblo se siente más cómodo. ¿Puedes oírlo cantar? Si es así, aléjate ligeramente del micrófono. Algunos grupos cantan mejor con el apoyo visible del cantor y otros avanzan con fuerza cuando el cantor se aleja del micrófono. La única forma de averiguar a qué clase de grupo estás sirviendo un domingo determinado es prestar atención y aprender.

Este proceso de ajuste y reajuste continuo puede resultar agotador al principio, pero con el tiempo se hace automático y es lo que caracteriza a un cantor de primera.

Naturalmente, la decisión respecto a cómo y cuándo un cantor debe alejarse del micrófono se debe tomar junto con el director musical de tu parroquia; especialmente en las comunidades con muchos cantores, es muy importante mantener un criterio común.

El cantor como ejemplo

Puede sonar extraño, pero nuestro objetivo como cantores en casi todos los momentos en que funcionamos como director de canto o animador debe ser, con el tiempo, volvernos obsoletos. Nuestra función es dirigir, pero con un liderazgo que constantemente ceda el poder al coro principal de la liturgia: la comunidad reunida. Con el tiempo, especialmente en el Ordinario de la misa, si los cantores de tu parroquia se acostumbran a poner en práctica el proceso que se describió anteriormente, observarás que te podrás alejar cada vez más de los micrófonos y por períodos de tiempo más largos. Si estás en una parroquia en que esto ya sucede, ¡felicitaciones! Ésta es una gran oportunidad. Cuando la voz de la asamblea se hace lo suficientemente fuerte como para no necesitarte en los momentos cantados de la liturgia, reflexiona sobre el poderoso mensaje que se transmite cuando, en vez de acercarte al micrófono para el Sanctus, te quedas en tu lugar, a unos metros del micrófono, haces un gesto para que la gente vea que les estás dando una señal (quizás baste una expresión facial)[36] y que tan solo estás cantando como un miembro más de la asamblea en vez de dirigirlos activamente. E imagínate el mensaje que se ofrecerá unas semanas después cuando hasta ese pequeño gesto pueda desaparecer y la asamblea cante por su cuenta, segura de su propio canto. Momentos como éste son el "non plus ultra" de los cantores y deben buscarse y cultivarse en la medida de lo posible.

La vida de oración del cantor

Nuestros hijos tienen gripe, el bebé lloró toda la noche, discutimos con nuestro cónyuge o padre por la mañana y nuestro jefe ha estado de malas toda la semana. Y ahora tenemos que ir a la iglesia y servir como cantores de la liturgia y dirigir el canto y la alabanza de cientos de personas. Ni siquiera podemos darnos el lujo de tan solo asistir y cantar. Debemos *sumirnos en la oración* y poder establecer un vínculo con nuestros hermanos y hermanas en la fe o no estaremos ejerciendo nuestro ministerio en la celebración litúrgica. ¿Cómo lo logramos? ¿Cómo nos hacemos transparentes para servir de este modo, especialmente los días en que a duras penas pudimos presentarnos en la iglesia?

> *La suposición tácita en todo este proceso, por supuesto, es que ser "puntual" significa llegar lo suficientemente temprano como para ensayar y tener tiempo de reflexionar.*

Entre el rato que pasas calentando la voz y ensayando y el comienzo de la liturgia siempre debes tomarte cinco o diez minutos de oración en silencio. Si aparecen aspectos de tu vida ajenos a tu ministerio que amenazan con "interponerse en el camino", no los hagas a un lado inmediatamente. Identifícalos y luego decide qué hacer. La decisión generalmente se reduce a lo siguiente, por más poco elegante que te pueda parecer: "Úsalo o piérdelo". Si lo que lo que está pasando en nuestra vida está en el frente de nuestra mente, y es algo que podemos ofrecer como parte de lo que vinimos a hacer en la iglesia, entonces úsalo. Estamos allí para servir, pero también estamos allí para rezar y adorar a Dios y ser nutridos por ese Dios que nos ama y nos llama. A veces las vulnerabilidades de la vida pueden profundizar y enriquecer nuestro ministerio. Las tomamos y las hacemos parte de nuestra oración y parte de nuestra ofrenda en el altar de la Eucaristía. Otras veces, sin embargo, las preocupaciones en nuestra vida pueden hacer que quedemos estancados en ellas y nos alejemos de nuestra oración. Cuando esto sucede, déjalas con este simple ejercicio de visualización mental que utilizan muchos artistas y músicos: Mentalmente, deposita lo que sea que se esté interponiendo en tu camino en una caja de cartón, ponle una tapa y un rótulo. Mentalmente, ponla en un estante fuera de las puertas de la iglesia y déjala allí. Sabes que la caja estará esperándote cuando te vayas; en ese momento la podrás tomar y lidiar con ella, pero mientras tanto no se interpondrá en tu camino. Practica este proceso hasta que puedas ser el ministro que Dios te llama a ser; un día, quizás, esas cosas que dejamos en la caja fuera de la iglesia serán las cosas que podremos poner en el altar con las ofrendas de la comunidad, como parte de nuestra ofrenda al Señor.

Siempre necesitamos cultivar nuestra vida musical fuera de nuestra función como ministros de música. De la misma manera, necesitamos dedicar tiempo a nuestra vida de oración fuera del ministerio activo para que permanezca viva y saludable. La sección “Espiritualidad y formación” de este libro (páginas 16–23) te será muy útil para iluminar tu vida de oración.

El cantor como salmista

Los textos del Salterio en la Sagrada Escritura son aun más antiguos que la liturgia. Estos cantos de venerable antigüedad ya estaban profundamente arraigados en el corazón y la voz del pueblo de Dios dos milenios atrás, cuando Jesús de Nazaret caminó sobre esta tierra. Los aprendió, los cantó y los rezó toda su vida, así como nosotros lo hacemos hoy. Forman una conexión inquebrantable entre nuestros antepasados y nosotros, una intimidad de experiencia y emoción que ninguna otra colección de textos puede igualar. Porque aunque toda la Sagrada Escritura que contiene los relatos de nuestra fe, es sagrada y ha sido inspirada por Dios, los salmos expresan las esperanzas, los temores y las emociones de quienes *vivieron* esos relatos. Piensa en cada salmo no solo como una porción de la Sagrada Escritura (aunque lo es, claro está), sino como la experiencia de un individuo en un momento determinado: una persona real, que vivió y respiró, sufrió y celebró, lloró y rió. *Cada emoción* que conoce nuestra amada y caída raza humana—el regocijo, el agradecimiento, la alabanza, la pena, el lamento, la ira, el temor, la confianza, etcétera—aparece en alguno de estos 150 cantos poéticos. Un relato, una narración de acontecimientos, se puede contar con palabras. Pero cuando la emoción es demasiado intensa como para que la exprese una simple narración, necesitamos cantarla.

La presencia del Salmista

Normalmente, el Salmo responsorial se debe proclamar desde el ambón, el mismo lugar desde el cual se proclaman las lecturas. Aunque el Salmo responsorial también se puede proclamar desde otro lugar, hacer esto oscurece la ya poco clara distinción entre el Salmo responsorial y las demás partes de la liturgia que dirige el cantor. Recuerda siempre que, cuando ejerces el ministerio de salmista, estás haciendo algo *completamente* distinto a todas las demás partes de tu ministerio[37].

> "El salmista, o cantor del salmo, desde el ambón o desde otro sitio oportuno, proclama los versos del salmo".
>
> —*Ordenación General del Misal Romano,* 61

Por lo tanto, antes de siquiera mirar el salmo, debemos estar conscientes de nuestra presencia al proclamarlo. A pesar de todo el esfuerzo que hacemos por ser invisibles y por no atraer la atención hacia nosotros mismos en otras partes de la liturgia, en este momento debemos hacernos sumamente visibles para que se nos escuche y que la atención de los presentes se concentre sobre nosotros. Sin embargo, dicha atención nunca debe quedarse en nuestra persona sino en las palabras que cantamos. Recuerda: nuestro objetivo es que la gente recuerde *lo que* cantamos, no lo bien que lo cantamos. No hay una manera de explicar cómo hacer esto, excepto recalcar otra vez que el primer paso fundamental es tener absoluta confianza y seguridad en lo que estamos proclamando.

Nuestra tarea consiste en sumergirnos en esa proclamación, oírla con el corazón y dejarla brillar con la claridad y vulnerabilidad del salmista original que pronunció las mismas palabras miles de años atrás, echando a un lado nuestro ego y nuestra conciencia de nosotros mismos.

También debes observar que si el canto verdaderamente "responsorial" es un diálogo entre el salmista y la asamblea, entonces lo ideal sería que no necesitáramos sostener la respuesta del pueblo con nuestra voz. Éste es un doble desafío ya que: por un lado, especialmente en las parroquias que usan el salmo propio de la semana cada domingo, la comunidad puede necesitar escuchar más de una vez el texto y la melodía de un salmo para recordarlo. En ese el caso, es como si los cantores tuviéramos una "doble personalidad". Durante los versos eres salmista y durante las respuestas eres director de canto o animador. Si hay un coro presente durante la liturgia, la presión es menor; el coro puede apoyar las respuestas de la asamblea, lo cual te permite actuar simplemente como salmista. Las parroquias que usan salmos generales del tiempo litúrgico en vez de los propios semanales pueden ayudar a que la asamblea se familiarice con el canto de los salmos.

El segundo desafío aquí depende exclusivamente de nosotros: La mayoría de los cantores no están acostumbrados a estar en el ambón frente a cientos de personas que los miran pero no cantan. La mayoría de los cantores, incluso si saben que su apoyo no es necesario, no pueden evitar unirse a la parte del pueblo, no porque la gente lo necesite sino porque el cantor se siente intimidado e incómodo estando en silencio para recibir la respuesta de la asamblea. De todas maneras, ¡debes intentarlo! Recuerda que el salmo es un diálogo y para poder dialogar alguien debe hablar, pero después callar para escuchar la respuesta del otro antes de volver a hablar. (Por favor consulta las páginas 64–65 para aprender más sobre los aspectos prácticos de cantar el Salmo responsorial desde el ambón).

> *Como siempre,* habla con tu director musical *antes de intentar implementar cambios como este en tu ministerio. En algunas parroquias, la Aclamación antes del Evangelio es un momento más seguro y menos amenazante para comenzar a aclimatar a los cantores y la comunidad a esta forma de diálogo verdadero antes de intentar hacerlo con el salmo.*

El cantor como ministro de la palabra

Muchos cantores, cuando se preparan para la liturgia, cometen el error de considerar el Salmo responsorial como otro canto más en la lista de música que deben aprender. Pero no es así; el salmo es el momento central del ministerio litúrgico del cantor y debe considerarse como tal. En este momento, no eres simplemente un ministro de música ni un ministro de la hospitalidad como cuando diriges un canto. Eres un ministro de la Palabra, el guardián y proclamador de la Sagrada Escritura cantada para la comunidad.

"Esto no quita que yo conozca y confiese que peco y que merezca castigo, cuando me sucede que el tono y canto me mueve más que las cosas que se cantan, y entonces más quisiera no oír cantar".

—San Agustín

Los arreglos musicales de los salmos generalmente se dividen en dos categorías principales: salmodia en estilo gregoriano y salmodia rítmica[38]. Como cantores, estamos acostumbrados a la salmodia rítmica (en la forma normal de una canción, con melodía y ritmo en todos los versos) y nos sentimos más cómodos con ella. El peligro yace en que en esta clase de música se necesita muchísimo más cuidado y capacidad para hacer que la *letra* domine sobre la música, y que ésta sea lo que el pueblo recuerde, más bien que el bello arreglo melódico. En las palabras de San Agustín: "Esto no quita que yo conozca y confiese que peco y que merezca castigo, cuando me sucede que el tono y canto me mueve más que las cosas que se cantan, y entonces más quisiera no oír cantar"[39]. Por este motivo, más y más parroquias implementan la salmodia en estilo gregoriano, con un estribillo melódico y un "tono de salmo" gregoriano para los versículos; este estilo se diferencia claramente de los demás cantos de la liturgia pero es simple y austero de modo que el texto puede escucharse y asimilarse más fácilmente.

La reacción automática de la mayoría de los cantores, especialmente aquellos que leen música, es tomar la partitura y simplemente cantar la frase. ¡Pero no es la mejor forma de hacerlo! Recuerda que en este momento eres ante todo un ministro de la palabra, entonces debes hacer lo que un ministro de la palabra haría en este momento. Para esto vas a necesitar algún tiempo para practicar antes de que comience la liturgia. Las primeras veces que leas los versos del salmo no los cantes ni les pongas música. Sencillamente léelos en voz alta (y no mentalmente sin hablarlos). Léelos como lo haría un lector y repítelos de esta manera hasta que te sientas cómodo con las palabras de modo que comprendas claramente su significado e intención.

Solo después de hacer esto debes cantarlos, pero no el tono que se especifica. Toma un paso intermedio e intenta cantar las palabras en una sola nota, con la misma velocidad y entonación que usaste al hablar. La mayoría de nosotros cree que hablar y cantar son dos cosas completamente distintas. En la Iglesia antigua, sin embargo, estaban mucho más relacionadas. De hecho, en hebreo y griego antiguo no existía una palabra para "música"[40]; hablar era hablar hasta que pasaba al área de la poesía y entonces adoptaba cualidades musicales. El paso intermedio de cantar en la misma nota los textos orales puede ayudarnos a borrar un poco la distinción y alcanzar la cualidad habla-canto del tono de salmodia que deseamos. Como el ejercicio del texto oral, practica éste también hasta que puedas hacerlo cómodamente y sin "trabarte".

Solo entonces (después de asegurarte de que te sientes cómodo con la línea melódica del tono de salmodia) debes tratar de unir el texto con el tono del salmo, procurando mantener el ritmo del lenguaje hablado y la entonación y velocidad de la palabra oral lo más que puedas. A esta altura, debes poder no solo cantar estos textos claramente y con confianza (concentrándote siempre en el texto), sino que también, al haber repetido bastante el texto, podrás ir más allá de las notas y palabras de la página y realmente rezar los textos. Puede parecer un proceso largo pero no lleva tanto tiempo como parece y cada minuto que empleas en el proceso será una buena inversión.

Rezar los salmos

También es importante no dejar que la tarea de aprender a proclamar los salmos en nuestras comunidades nos distraiga de todo lo que tienen para ofrecernos, como pueblo de Dios y pueblo que canta. Estos 150 poemas contienen las esperanzas, alegrías, penas y anhelos de nuestros hermanos y hermanas a través de los milenios y tienen mucho para decirnos. Y aunque, claro está, la Sagrada Escritura pertenece al pueblo de Dios, como cantores y salmistas tenemos una relación muy especial con estos cantos venerables. Lee los salmos y ve familiarizándote con ellos. Elige uno y vive con él una o dos semanas, elígelo de acuerdo con lo que sientas en ese momento de tu vida.

Si transitas un momento de alegría y celebración, quizás puedes dedicar tiempo al Salmo 100:

¡Aclame al SEÑOR la tierra entera,
Sirvan al SEÑOR con alegría,
Lleguen a él, con cánticos de gozo![41]

Cuando te sientes abrumado por la vida, el Salmo 121 puede ayudarte a calmar el alma:

Dirijo la mirada hacia los montes:
¿de dónde me llegará ayuda?

Mi socorro me viene del SEÑOR,
que hizo el cielo y la tierra[42]

Cuando la vida te resulte muy dolorosa, puedes encontrar consuelo en el lamento del Salmo 31:

Ten piedad de mí, SEÑOR, pues estoy angustiado;
mis ojos languidecen de tristeza . . .
Mi vida se consume en la aflicción
y mis años entre gemidos[43].

Dedicar tiempo a estos hermosos cantos/poemas y familiarizarte con ellos no solo enriquecerá tu ministerio como cantor sino que también enriquecerá tu vida.

Para reflexionar

La mayoría de nosotros, cuando comenzó su ministerio como cantor, no pensaba en que es complejo papel ministerial esencial a la liturgia. Lo hicimos porque nos gusta cantar, porque alguien en nuestra parroquia nos pidió que dirigiéramos el canto durante la liturgia, o por otras razones similares. Pero una vez aquí, descubrimos y seguimos descubriendo no solo cuanto hemos avanzado, sino cuánto más tenemos que aprender y cuánto nos queda por crecer.

Periódicamente durante el año litúrgico, especialmente cuando es un tiempo ajetreado y comenzamos a sentirnos agotados o distraídos respecto a nuestro ministerio, algunas personas deciden hacer un "examen de conciencia" en su papel de cantor. El examen será distinto para cada cual pero probablemente seguirá líneas parecidas a éstas:

- ¿Realmente creemos que somos miembros de la comunidad?
- ¿Realmente creemos en nuestra función de apoyar el canto del "coro principal" de la liturgia, o sea, los fieles reunidos, y ayudarlos a cantar con más fuerza y alegría?
- En las parroquias en que cantamos en diferentes liturgias, ¿cantamos de la misma manera a las 7:30 de la mañana que en la misa familiar de las 9:30 o en la misa de las 5:00 PM que se llena de adolescentes? ¿O escuchamos a la comunidad que tenemos delante e intentamos discernir a cada segundo qué es lo que necesitan en un determinado momento las voces frente a nosotros?
- ¿Cuando oímos de pronto una voz colectiva sorprendentemente fuerte y enérgica que proviene de la comunidad en un determinado himno que les gusta, nos alejamos del micrófono y nos hacemos completamente inaudibles porque en ese momento el pueblo no nos necesita?
- Cuando rezamos antes de ejercer nuestro ministerio, ¿nuestra oración suena como "Oh Dios, que cante bien y con belleza" o se suena más bien como "Oh Dios, ayúdame a hacerme transparente y así dejar que tu música y Palabra brillen a través de mí"?

El mero hecho de que estés leyendo este libro y explorando tu ministerio es algo maravilloso y enriquecedor. Que comprendas, en cualquier nivel del ministerio en que te encuentres actualmente, que crecer y aprender es parte de cualquier ministerio es digno de elogio. Lo importante es que siempre recuerdes que todo lo que hacemos tiene significado y que cada gesto, mirada o sonido que hacemos comunica algo al pueblo que servimos y a los ministros con quienes servimos. Aquí no hay términos medios, no puedes decidir no comunicar nada por unos minutos. No tienes la opción de pensar que solo sirves en tu ministerio durante los momentos en que cantas activamente. Cuando sirves como cantor de una liturgia, *cada* momento forma parte de tu ministerio.

Preguntas para el diálogo y la reflexión

1. ¿De qué manera respondes cuando la gente elogia la belleza de tu voz?

2. ¿Sientes "pánico" antes de una liturgia en que debes servir como cantor? Si es así, ¿a qué le tienes miedo? Si tu "peor" temor se hiciera realidad, ¿cuáles serían las consecuencias?

3. ¿Cómo te sentirías si un día te dieras cuenta de que, a excepción del Salmo responsorial, tu comunidad canta tan bien que te has vuelto obsoleto y ya no te necesitan?

4. ¿Cuál es la parte de la liturgia que más te gusta cantar? ¿Por qué?

5. ¿Cuál es la pieza de música litúrgica que más te gusta? ¿Por qué?

____

____

____

____

6. ¿De qué manera afecta tu ministerio como cantor y director de canto/animador tu vida fuera de la liturgia?

____

____

____

____

NOTAS

1. Ver *Cantemos al Señor: La Música en el Culto Divino,* 125.

2. OGMR, 46.

3. OGMR, 47.

4. De vez en cuando, especialmente para destacar determinados tiempos litúrgicos, se puede cantar el Canto de entrada en forma responsorial o de letanía. Esto, por supuesto, exigirá un enfoque diferente.

5. OGMR, 50.

6. Ibíd., 51.

7. Ibíd., 53.

8. El Ordinario de la misa está compuesto por textos que no cambian. Son los mismos semana a semana durante toda la liturgia. Las partes del Ordinario son el Kyrie eleison (Señor, ten piedad), el Gloria, la Profesión de fe (el Credo de los apóstoles o de Nicea), el Sanctus (Santo, Santo, Santo) y el Agnus Dei (Cordero de Dios). Esto está en contraste con las partes propias de la misa, o sea las oraciones y lecturas que cambian día por día durante los ciclos del año litúrgico y las cuales incluyen el Salmo responsorial.

9. OGMR, 53.

10. Constitución sobre la Divina Revelación, 21.

11. OGMR, 61.

12. OGMR, 61: "Para que el pueblo pueda más fácilmente intervenir en la respuesta en forma de salmo, han sido seleccionados algunos textos de responsorios y salmos, según los diversos tiempos del año o las diversas categorías de santos. Estos textos podrán emplearse en vez del texto correspondiente a la lectura todas las veces que el salmo se canta".

13. Por favor observa la siguiente cita de OGMR, 61: "En las diócesis de los Estados Unidos de América, en lugar del salmo asignado por el leccionario, se puede cantar: o sea la antífona propia o estacional y el Salmo del leccionario arreglado en la forma del *Graduale Romanum* o el *Graduale Simplex,* o en otro arreglo musical; o sea una antífona y Salmo de otra colección de salmos y antífonas, incluyendo salmos arreglados en forma métrica, con tal de que hayan sido aprobados por la Conferencia de Obispos Católicos de los Estados Unidos de América o el Obispo diocesano. No se permite usar cantos ni himnos en lugar del Salmo responsorial."

14. OGMR, 62.

15. Ver OGMR, 68.

16. Ver OGMR, 69, 70.

17. "Las lecturas, tomadas de ediciones aprobadas, según la índole de los diferentes idiomas, pueden cantarse, pero en tal forma, que el canto no oscurezca las palabras, sino que las aclare". (Prenotandos, *Ordenación de las lecturas de la Misa,* 14).

18. OGMR, 91.

19. Prenotandos, *Ordenación de las lecturas de la Misa,* 18.

20. OGMR, 72.1.

21. El Jueves Santo, también se recogen productos alimenticios para los pobres.

22. El Sanctus y la Doxología tienen siempre el mismo texto. Al momento de esta publicación, el Misal Romano brinda cuatro opciones para la Aclamación memorial: "Cristo ha muerto, Cristo ha resucitado, Cristo vendrá de nuevo"; "Anunciamos tu muerte, proclamamos tu resurrección. ¡Ven Señor Jesús!"; "Por tu cruz y resurrección nos has salvado, Señor" y "Cada vez que comemos de este pan y bebemos de este cáliz, anunciamos tu muerte, Señor, hasta que vuelvas".

23. Ver el Misal Romano, Prefacio para la Asunción de la Santísima Virgen María.

24. OGMR, 79e.

25. Música: Canto tradicional, adaptado por Robert Snow, 1964.

26. OGMR, 83.

27. OGMR, 83.

28. "Mientras el sacerdote recibe el sacramento, empieza el canto de la Comunión, el cual, por la unión de voces, debe expresar la unión espiritual de quienes están comulgando,

demostrar la alegría del corazón y poner de relieve el carácter comunitario de la procesión de los que van a recibir la Eucaristía" (OGMR, 86).

29. OGMR, 88.

30. En OGMR, 87–88, leemos: "En las diócesis de los Estados Unidos de América existen cuatro opciones para el *cantus ad Communionem:* (1) la antífona del *Misal Romano* o el Salmo del *Graduale Romanum* arreglado según la música establecida en éste o en otro arreglo musical; (2) la antífona estacional y Salmo según el *Graduale Simplex;* (3) un canto de otra colección de salmos y antífonas, aprobada por la Conferencia de Obispos Católicos de Estados Unidos de América o por el obispo diocesano, incluyendo salmos arreglados en forma métrica responsorial; (4) un canto litúrgico apropiado escogido de acuerdo con la OGMR, no. 86. *Lo cantan los cantores solos o también uno o varios de ellos con el pueblo.* . . . Cuando se ha terminado de distribuir la Comunión, el sacerdote y los fieles, si es oportuno, oran un rato recogidos. Si se prefiere, *toda la asamblea*" (énfasis añadido).

Cabe mencionar que en *ninguna parte* de ningún documento eclesial se menciona la "meditación después de la Comunión", una costumbre que lamentablemente se ha arraigado en muchos lugares. No se la permite porque refuerza un modelo de asamblea no participativa e individualista en un momento que claramente es el momento culminante de nuestra unidad. Lo que debe ser el punto culminante de nuestro culto y alabanza comunitarios se desintegra en un momento pasivo que no es ni la oración personal que se lleva a cabo después de recibir la Sagrada Comunión ni una oración comunitaria de agradecimiento y celebración. Un número cada vez mayor de parroquias, si desea tener una pieza musical cantada solo por el coro, elegirá tenerla al comienzo del Rito de la Comunión, inmediatamente antes de un canto de la Comunión destinado a la asamblea. Las parroquias que eligen utilizar la opción del "salmo o cántico de alabanza" después de la Comunión descubren que es un momento muy eficaz para unir a la comunidad en alabanza y canto.

31. En caso que sea necesario que un laico dé "instrucciones o testimonios sobre la vida cristiana . . . siempre es preferible que esto se haga fuera de la celebración de la Misa. Por causa grave, sin embargo, está permitido dar este tipo de instrucciones o testimonios, después de que el sacerdote pronuncie la oración después de la Comunión. Pero esto no puede hacerse una costumbre. Además, estas instrucciones y testimonios de ninguna manera pueden tener un sentido que pueda ser confundido con la homilía, ni se permite que por ello se suprima totalmente la homilía" (*Redemptionis Sacramentum,* 74).

32. OGMR, 90 b, c.

33. Ver *Cantemos al Señor: La Música en el Culto Divino,* 199.

34. Obviamente, "agradable" es un término sumamente subjetivo. El hecho de que los teatros de ópera y los estadios en donde se celebran conciertos de rock tengan clientelas completamente distintas da testimonio de esto. Pero una parroquia no tiene una "clientela"; es una comunidad de fe en que las personas se reúnen cada semana para rezar y alabar y participar de la Eucaristía. Como se ha mencionado anteriormente, la voz del cantor no debe atraer la atención a sí misma sino a la comunidad que dirige y la palabra que proclama. Por eso, aunque es primordial ser un buen músico, sería un error suponer que el músico más apto y capacitado será el mejor cantor. Los voluntarios son el eje del ministerio del cantor en la Iglesia y no solo sirven a la gente de forma admirable sino

que algunas veces hacen un mejor trabajo en el papel ministerial de cantor que los profesionales.

35. Este término significa no cantar suavemente, sino con toda la potencia de tu voz.

36. Una guía general para la ubicación del micrófono, especialmente para los micrófonos de condensador con alto rango, es nunca hablar directamente en frente del micrófono ya que esto de seguro provoca que las "p" estallen en los altavoces. Si se presenta este problema, experimenta subiendo o bajando un poco la dirección del micrófono. Para solucionar este problema en el caso de un cantor de baja estatura, se puede apuntar el micrófono al entrecejo y si el cantor es alto se puede apuntar el micrófono a la barbilla. Experimentar hasta encontrar la posición más conveniente es la única forma de resolver este problema.

37. Algunas parroquias que tienen la suerte de tener suficientes cantores, separan los ministerios de "director de canto" y "salmista". Un cantor ocupa el lugar normal del cantor que dirige el canto y el otro sirve exclusivamente como ministro de la Palabra y proclama el salmo en el ambón con los lectores. Aunque ésta es una buena idea, ya que le concede al salmo el status que merece como parte integral de la Liturgia de la Palabra y lectura cantada de la Sagrada Escritura (no solo un "canto" que se encuentra entre las lecturas o una "respuesta" a la Primera Lectura), pocas parroquias tienen suficientes cantores para llevarla a cabo regularmente.

38. Una tercera posibilidad, que se encuentra en las colecciones de salmos de Joseph Gelineau, es una especie de híbrido entre las dos. La salmodia de "ritmo irregular" y el método de canto de Gelineau se explican en detalle en el *Handbook for Cantors.*

39. San Agustín, *Confesiones,* Libro X, capítulo 33.

40. "El hebreo y el griego no tienen una palabra separada para "música." La frontera entre cantar y hablar era mucho menos clara. Tan pronto el habla se convertía en poesía o cuando se trataba de discursos y la oratoria ceremonial, se incorporaban elementos rítmicos y melódicos que hoy clasificaríamos como musicales o por lo menos pre-musicales". Joseph Gelineau, "Music and Singing in the Liturgy", *The Study of Liturgy,* ed. Cheslyn Jones et al., rev. ed. (Nueva York: Oxford University Press, 1992), 497 en "The Cantor in Historical Perspective", *Ritual Music: Studies in Liturgical Musicology,* Edward Foley, Capuchino (Beltsville, Maryland, Pastoral Press, 1995).

41. Salmo 100,1b–2.

42. Salmo 121,1–2.

43. Salmo 31,10.11.

Preguntas frecuentes

Es importante observar que cualquier pregunta sobre los detalles de la práctica litúrgica de los cantores resulta difícil de responder en un libro general para todos los cantores de todas las parroquias del país. Siempre debes respetar sobre todo las prácticas de tu parroquia y ningún cantor debe tomar estas decisiones por su cuenta de manera unilateral. Consulta tus dudas con tu director/ministro de música y, si es necesario, con el párroco, quien seguramente comprende bien la dinámica del personal y los ministros de la parroquia.

Sin embargo, las siguientes son preguntas importantes que hacen muchos cantores y merecen ser respondidas con cierta perspectiva y claridad.

1. ¿Cuánto tiempo debo esperar para cantar el salmo después de la Primera Lectura?

El Salmo responsorial es parte de la liturgia de la Palabra y representa la proclamación de las Sagradas Escrituras, no es tan solo una "respuesta" a la Primera Lectura. Debe haber suficiente tiempo entre la Primera Lectura y el Salmo responsorial (así como entre el Salmo responsorial y la Segunda Lectura y entre la Segunda Lectura y la Aclamación antes del Evangelio) para que la asamblea respire un poco y absorba lo que acaba de escuchar[1]. En algunas parroquias, la asamblea se siente

> ✠ "La liturgia de la Palabra debe ser celebrada de tal manera que favorezca la meditación, por eso debe evitar absolutamente toda forma de apresuramiento que impida el recogimiento. Durante la liturgia de la Palabra, también es apropiado incluir breves períodos de silencio, según la comodidad de la asamblea reunida, en los que, con la ayuda del Espíritu Santo, la Palabra de Dios pueda ser captada por el corazón y se pueda preparar una respuesta por medio de la oración".
>
> —*Ordenación General del Misal Romano,* 56

cómoda dedicando un minuto entero o más a la contemplación silenciosa; en otras, si se dedican más de unos momentos, la asamblea se siente incómoda y la contemplación se vuelve poco productiva.

En las parroquias con muchas familias con niños pequeños, el nivel de ruido ambiental hará que sea casi imposible mantener verdadero silencio en la liturgia del domingo; en otras, con congregaciones pequeñas de adultos, quizás el silencio contemplativo sea una parte esencial del culto comunitario. Consulta a tus colegas del ministerio, evalúa la energía de los presentes e interpreta el silencio en consecuencia.

> ✠ "Después de la primera lectura sigue un salmo responsorial, que es parte integrante de la liturgia de la Palabra y tiene gran importancia litúrgica y pastoral, en cuanto que fomenta la meditación de la Palabra de Dios . . . el salmista, o cantor del salmo, desde el ambón o desde otro sitio oportuno, proclama los versos del salmo".
>
> —*Ordenación General del Misal Romano,* 61

2. *¿Debo caminar hasta el ambón para cantar el salmo? ¿No sería más fácil cantarlo desde el puesto del cantor?*

¿Más fácil? Por supuesto. Sin embargo, como dijimos más arriba, el Salmo responsorial no es tan solo otro "canto" de la liturgia; es una parte de la Palabra de Dios que proclamamos, y su importancia como tal implica una veneración que no se compara con los demás cantos que canta el cantor. Durante muchos años, se creyó que el salmo era simplemente una "respuesta" a la primera lectura y cantar el salmo desde el mismo lugar que la demás música del cantor solo refuerza esta creencia errónea. (El salmo elegido para cada domingo del año litúrgico suele reflexionar sobre la Primera Lectura y responde a su contenido, pero es mucho más que eso). Claro está que en algunos espacios litúrgicos es posible que factores como la facilidad o dificultad de ser visto o el retardo del sonido hagan que el ambón sea un lugar poco práctico para cantar. En estos casos, el lugar habitual del cantor como director de canto puede ser el mejor lugar desde donde dirigir el salmo[2].

A continuación brindamos un buen ejemplo de cómo acercarse al ambón. Generalmente, el cantor tendrá que trasladarse de un lado del presbiterio al otro y por lo tanto pasar frente al altar. Como se observó en la pregunta #1, después de la Primera Lectura se hace un período de silencio, antes de que se cante el salmo. El cantor debe dar el ejemplo de este silencio contemplativo. Cuando llega el momento indicado, el cantor se levanta y camina a un paso reverente hacia el altar. Al llegar al altar, el cantor se vuelve hacia él, hace una inclinación profunda y luego continúa hacia el ambón.

Es una práctica recomendable que el cantor entone el salmo con el cantoral (las versiones para coro generalmente contienen la notación musical de los versículos); sin embargo, si la música proviene de otra fuente (por ejemplo, una colección de salmos en un cuaderno de espiral), es mejor poner las partituras en una carpeta. Esto será mucho más apropiado para el culto público.

El cantor también debe estar consciente del tipo de zapatos que usa para no generar distracciones cuando se desplaza de un lado a otro. Evita usar zapatos que puedan crujir al caminar, que tengan suelas muy lisas, para no resbalar o zapatos con suelas duras, que produzcan un ruido "sordo" en el piso. Los zapatos de taco bajo o mocasines suelen ser una buena opción. La ropa también debe ser recatada. Algunas parroquias exigen que los cantores (y los miembros del coro) usen un alba o un vestido de coro.

3. *¿Cuándo debo ir a comulgar?*

La logística del ministerio de música durante el Rito de la Comunión suele hacer que sea difícil discernir cuál es el momento más adecuado para que el cantor u otros ministros de música comulguen. Si el cantor comulga antes de comenzar el Canto de la Comunión, puede haber un largo intervalo entre la comunión del sacerdote (en este momento, según la OGMR, 86, el Canto de la Comunión ya debería haber empezado) y que haya un ministro de la Comunión disponible para ofrecer la Comunión al cantor. Si el cantor comulga al final de la distribución de la Eucaristía, es importante que los ministros de ella esperen hasta que el Canto de la Comunión haya terminado para asegurarse de que los ministros de música tengan la oportunidad de comulgar. Es muy importante que recibas instrucciones específicas del personal pastoral. En todo caso los ministros de música, aunque sean miembros llamados a cumplir una función específica, siguen siendo miembros de la comunidad, por lo tanto es

> ✠ "Quien ya ha recibido la santísima Eucaristía, puede recibirla otra vez el mismo día solamente [salvo que se halle en peligro de muerte] dentro de la celebración eucarística en la que participe".
>
> —*Código de Derecho Canónico*, 917

importante que tengan la misma oportunidad de comulgar que los demás[3].

4. ***Si sirvo como cantor en más de una misa algún domingo, ¿puedo recibir la Sagrada Comunión en ambas?***

Los ministros litúrgicos que han servido en una misa y han comulgado en ella pueden comulgar de nuevo si sirven en una segunda misa; sin embargo, los ministros litúrgicos solo pueden comulgar dos veces. Si sirven en una tercera misa, no podrán recibir la Sagrada Comunión por tercera vez.

> ✠ "En las diócesis de los Estados Unidos de América, [los fieles] deben arrodillarse después del canto o la recitación del *Sanctus* hasta después del *Amén* de la *Plegaria eucarística,* a no ser que lo impida de vez en cuando la salud, la estrechez del lugar o el gran número de los presentes u otras causas razonables. Los que no se arrodillan para la consagración deben hacer una inclinación profunda mientras el sacerdote hace genuflexión después de la consagración. Los fieles se arrodillan después del Agnus Dei a menos que el Obispo diocesano determine lo contrario".
>
> —*Ordenación General del Misal Romano,* 43

5. ***Si el pueblo se arrodilla durante la Plegaria eucarística, ¿me debo arrodillar o permanecer de piedurante esta oración?***

Probablemente lo mejor sería que el director/ministro de música consulte con el párroco y luego les transmita la práctica más recomendable a los cantores. Sin embargo, los documentos litúrgicos son muy claros en lo que respecta a las posturas de los fieles en diversos momentos de la liturgia.

Sin embargo, puede resultar pastoralmente apropiado que el cantor permanezca de pie durante toda la Plegaria eucarística para no distraer a la comunidad. Recuerda que en una situación ideal, en que la asamblea conoce y ha hecho suyas las aclamaciones que se cantan durante la Plegaria eucarística, no será necesario que dirijas el canto y podrás simplemente ponerte de pie o arrodillarte con la asamblea y cantar desde tu lugar (sin micrófono). Cuando solo se necesita que refuerces y apoyes el canto, es muy importante que, hagas lo que hagas, seas lo menos notable que puedas, para no desviar la atención de la parte más importante del rito. Qué implica esto para ti como cantor depende de muchos factores: la arquitectura de la iglesia (tu puesto para cantar ¿está lejos del lugar en que te debes arrodillar y por lo tanto deberías caminar mucho y hacerte visible para llegar allí?) es un factor muy importante, así como tu destreza física para arrodillarte y ponerte de pie fácil y discretamente en tu lugar.

6. *¿Cuál es la manera adecuada de anunciar la música durante la liturgia?*

Lo más importante sobre los anuncios musicales es que sean claros y fáciles de oír. Una buena forma de anunciar un canto o himno sería algo como: "Cantemos ahora el canto número 354 de su cantoral [o nombre del material musical], 'A Ti Levanto Mis Ojos' Número tres, cinco, cuatro".

Si es posible, usa menos palabras (o mejor aún, ninguna) para anunciar el salmo, de manera que no pierda su identidad dentro de la Liturgia de la Palabra ni se interrumpa el flujo de las lecturas. Muchos de los estribillos responsoriales de estos salmos son suficientemente breves y sencillos como para que las asambleas, con el tiempo, las puedan cantar de memoria. Las comunidades que usan ayudas semanales o periódicas para la liturgia descubren rápidamente que las palabras del Salmo responsorial están allí, inmediatamente debajo de la Primera Lectura. Si resulta necesario anunciar el lugar donde está el salmo impreso, trata hacerlo con la menor cantidad posible de palabras (por ejemplo, "En el cantoral [o nombra algún otro material musical], el número 35").

Es mejor evitar los siguientes anuncios:

- "Bienvenidos a nuestra liturgia". La mayoría del pueblo reunido suele estar en su propia parroquia. Una "bienvenida" como esta implicaría que la parroquia es *nuestro* territorio (de los ministros) y que generosamente los estamos invitando a unirse a nosotros aquí. En fiestas importantes y demás ocasiones especiales, resulta mejor decir: "Les damos la bienvenida a todos los que nos visitan hoy y a los estudiantes universitarios que han vuelto a casa de vacaciones" para dar una bienvenida *de parte* de la comunidad, y no a la comunidad.

- De la misma manera: "Por favor, únanse a mí en nuestro Canto de entrada . . .". Esta formulación implica sutilmente que *tú* eres quien canta y ellos están invitados a cantar *contigo,* en vez de con la comunidad en pleno. "Cantemos todos el Canto de entrada" o alguna frase similar incluye e invita a todos.

- "Nuestro canto de la Comunión es el número 55—*ERRRR*". El tono y el volumen de la voz tienden, por naturaleza, a bajar al final de las oraciones. En el habla normal esto no es un problema, pero cuando anunciamos un número de tres dígitos, el último dígito es tan importante como el primero y por lo tanto se debe poder escuchar claramente. La mayoría de nosotros necesita hacer un esfuerzo para que los últimos números suenen tan claramente como los primeros. Ésta es otra razón por la cual resulta útil repetir el número, la primera vez se dice el número completo (quinientos cincuenta y siete) y la segunda se lo dice dígito por dígito (cinco, cinco, siete).

- "Esta gloriosa mañana de primavera, en que los narcisos florecen y el sol brilla en el cielo, unámonos entonando un himno gozoso al Dios que tanto nos ama y que nos regala este hermoso día. Por favor busquen en sus cantorales uno de mis himnos preferidos, el número . . .". Aunque es sumamente importante que seas cálido y simpático al dirigirte a la comunidad, estas cualidades se transmiten mejor mediante tu presencia y tus gestos, que diciendo más y más palabras. Este ejemplo usa demasiadas palabras y atrae demasiada atención hacia el que está haciendo el anuncio (hacia ti, el cantor).

7. ***Mi parroquia cuenta con un tablero con los himnos/una ayuda para la liturgia. ¿Debo anunciar los himnos de todas maneras?***

Como con cualquier asunto relacionado con las costumbres locales, debes consultar esto con tu personal musical y pastoral. Algunas comunidades están tan acostumbradas a cantar que no necesitan una invitación para saber cuándo les toca cantar; otras necesitan una invitación más directa. Un anuncio puede servir como recordatorio y como un delicado "empujoncito" para que la comunidad participe; después de algunos años de formación sistemática, es probable que esto ya no haga falta. Otra posibilidad es que parte de la bienvenida del cantor incluya una invitación como "Los números de todas las piezas de hoy se encuentran en el tablero con los himnos[4] que está en la pared (o en la ayuda para la liturgia); por favor únanse todos a los cantos".

8. ***Si hay un canto nuevo, ¿debo enseñárselo a la comunidad antes de la misa? Si es así, ¿cómo lo hago?***

Como con todo lo demás, esto dependerá de tu parroquia y su estilo y composición; también dependerá de si a la asamblea le gusta o no cantar. Si gran parte de la asamblea en una parroquia cree que "El cantor 'hace' la música; no soy cantor, entonces debo limitarme a escuchar", ensayar frecuente e incluso semanalmente con la congregación no solo servirá para que la comunidad se sienta más segura con la música, sino que también reforzará el concepto de que el canto *pertenece* al pueblo y que es importante para la liturgia que todos canten con fuerza y seguridad. Por otra parte, a las asambleas que les gusta cantar, que conocen bien el repertorio y que cuentan con un buen liderazgo musical, les resultará más fácil aprender un canto, dentro de una o dos estrofas, tan solo con seguir al cantor o al coro, y de aprender el estribillo del Salmo Responsorial después de haberlo escuchado una sola vez.

En cuanto a "cómo" se le debe enseñar la música a una asamblea, la mejor manera suele ser el proceso de enseñar *una nueva pieza musical línea por línea*, en el cual el cantor entona una sola línea o frase del canto e invita a la asamblea a repetirla[5]. Si una pieza es sencilla, se le puede enseñar un estribillo entero a la vez a la asamblea, pero debes tener cuidado de evaluar la curva del aprendizaje y la capacidad de mantener la atención de la asamblea: Si es muy difícil, se frustrarán y se darán por vencidos; si es demasiado larga, perderán interés en el proceso. Como siempre, debes "leer" bien a tu público. Siempre recuerda proyectar una actitud de simpatía y animar a la asamblea con palabras y expresiones faciales positivas.

Recuerda que antes de que el cantor pueda enseñarle a la asamblea un canto nuevo, se deberá sentir seguro con la pieza nueva. Si no es así, a la comunidad le resultará difícil seguirlo y se desanimará rápidamente.

9. ***Estoy haciendo todo lo que debo hacer. Mis gestos son bien claros, me siento seguro con la música, mantengo un vínculo emocional con lo que canto y realmente intento establecer un vínculo con la comunidad, pero algunas veces (¡o casi todas!) no participan. ¿Qué estoy haciendo mal?***

Aunque nunca debemos dejar de autoexaminarnos ni suponer que no podemos hacer nada para que nuestro ministerio sea más eficaz, por supuesto son *muchos* los factores que determinan que una asamblea pueda unirse al canto de la liturgia. Una parroquia que canta de manera apática y con poco entusiasmo quizás requiera hasta cinco años de ánimo sistemático y constante en *todas* las liturgias antes de poder convertirse en una parroquia que canta con ánimo y entusiasmo; además es casi inevitable que aun con un buen liderazgo el proceso tenga sus altibajos. Y aun en parroquias que suelen cantar con ánimo, algunos días esto no sucede como esperamos: es un día de mal tiempo, la parroquia de la escuela y los programas de educación religiosa tienen un fin de semana de tres días, el párroco está resfriado. Muchas cosas pueden producir un efecto negativo en el canto un día determinado. Siempre recuerda que la liturgia de la parroquia no consiste solo en una hora por semana, es un proceso continuo que, en última instancia, tiene que ver con las relaciones, con nuestra relación los unos con los otros y con Dios, a quien alabamos semana por semana.

10. ¿Qué debo cambiar en las bodas y misas de exequias?

En teoría, a excepción de la música de los momentos específicos del rito de estas liturgias especiales, no tienes que hacer nada distinto. En la práctica, sin embargo, estas liturgias suelen estar demasiado cargadas de un tono social y familiar y de expectativas que exigen que no solo seamos más sensibles que de costumbre sino también que cumplamos distintos papeles. En las bodas, la expectativa social suele ser que quien canta es un solista que debe brindar música hermosa y pertinente para amenizar y enriquecer un acontecimiento específico de la vida. En las exequias, las familias no suelen estar en una situación emocional y espiritual propicia para cantar, especialmente si la liturgia cantada no ha sido una parte central de sus experiencias anteriores en la Iglesia. Estas dos clases de liturgia pueden muchas veces servir a grupos de personas que no suelen asistir regularmente a la iglesia o que provienen de distintas parroquias, o distintas partes del país o hasta del mundo y que tal vez no tienen formación para una "participación plena, consciente y activa"[6]. Por otro lado, las exequias y las bodas son momentos claves en la vida de la gente y, al menos en este momento tan cargado emocionalmente, acercan a la Iglesia incluso a quienes han estado alejados. ¡No debemos perder esta oportunidad de hacerles sentir bienvenidos y de catequizarlos! Nunca abandones tus aptitudes para dirigir el canto basándote en la premisa de que la gente nunca canta en las bodas. No seas demasiado insistente pero sigue animándoles a cantar. Algunos grupos te darán una grata sorpresa.

Además de en las bodas y las exequias, es posible que tengas que servir como cantor en otros ritos sacramentales (como el Bautismo y la Confirmación), la Liturgia de las Horas, bendiciones diversas, oficios devocionales (especialmente la Exposición Eucarística y Bendición con el Santísimo) y otros ejercicios piadosos. Aunque estos ritos se pueden asemejar a partes de la misa (especialmente la liturgia de la Palabra), ciertos elementos son diferentes. Siempre que hagas algo nuevo o que no conoces a fondo, asegúrate de reunirte antes con tu director/ministro de música para repasar el rito a fondo; de esta manera sabrás exactamente qué esperar y no te encontrarás sin saber qué hacer en algún momento durante la liturgia.

Salmo 71,3–4a.5–6ab.16–17

R. ¡Mi boca anunciará tu salvación!

Sé tú mi roca de refugio,
el alcázar donde me salve,
porque mi peña y mi alcázar eres tú.
Dios mío, líbrame de la mano perversa.

R. ¡Mi boca anunciará tu salvación!

Porque tú, Dios mío, fuiste mi esperanza;
y mi confianza, Señor desde mi juventud.
En el vientre materno ya me apoyaba en ti,
en el seno, tú me sostenías.

R. ¡Mi boca anunciará tu salvación!

Mi boca contará tu auxilio,
y todo el día tu salvación.
Dios mío, me instruiste desde mi juventud,
y hasta hoy relato tus maravillas.

R. ¡Mi boca anunciará tu salvación!

NOTAS

1. Ver OGMR, 56.

2. OGMR, 61: "Después de la primera lectura sigue un salmo responsorial, que es parte integrante de la liturgia de la Palabra y tiene gran importancia litúrgica y pastoral, en cuanto que fomenta la meditación de la Palabra de Dios . . . el salmista, o cantor del salmo, desde el ambón o desde otro sitio oportuno, proclama los versos del salmo".

3. Ver OGMR, 86.

4. No hace falta decir que si tu parroquia utiliza tableros con los himnos u otros materiales visuales para que participe la asamblea, dichos materiales deben ser grandes y estar colocados en un lugar estratégico de modo que toda la asamblea pueda verlos.

5. Diana Kodner, en su *Handbook for Cantors,* tiene una sección excelente sobre este proceso.

6. SC, 14.

Materiales

Se debe notar que hay gran cantidad de música en uso hoy y las necesidades de cada parroquia son muy diversas. Los dos libros de cantos más usados en las comunidades hispanas son Flor y Canto *y* Cantos del Pueblo de Dios. *Recientemente, con el uso generalizado de Internet muchas parroquias han extendido su repertorio con cantos que vienen directamente de sitios que venden o distribuyen de manera gratuita música religiosa hispana. Las editoras de músicas tradicionales también usan ese medio para permitir a los usuarios escuchar la música antes de comprarla.*

Mencionamos las casas editoras de los Estados Unidos de América que distribuyen música en español para este país. También dejamos en el texto materiales en inglés que se usan comúnmente en parroquias de todo el país ya que muchos cantores hispanos también pueden ser cantores para la comunidad de habla inglesa y porque los consideramos útiles para celebraciones litúrgicas en cualquier idioma. Los cantores y músicos liturgistas serios en el curso del tiempo deberán acumular sus propias colecciones de estos materiales ya que ningún libro puede contener todo lo que uno necesita o desea para el desempeño de sus funciones.

Salmos responsoriales y Aclamaciones antes del Evangelio

Ver http://www.musicaliturgica.com/salmosyaleluyas/.

Psallité (Cycle A, B, and C), The Liturgical Press, 2005, 2006, 2007 (en inglés).

Una colección muy completa de salmos y antífonas para el calendario litúrgico; incluye las antífonas de Entrada y Comunión para todos los domingos de los tres ciclos litúrgicos. Un excelente material que ofrece oportunidad de introducir el canto llano al repertorio de la parroquia.

The Roman Gradual/Graduale Romanum (Solesmnes) (en inglés).

Se puede obtener de varias editoriales, esta es la principal colección de cantos en latín que incluye el texto propio para todo el año litúrgico, las misas votivas y rituales, de los santos y el Kyriale completo con todos los cantos para 17 misas diferentes, y otras composiciones. Todo el tomo está en latín y los cantos están en notación "neuma" (4-líneas).

A Gregorian Chant Handbook, William Tortolano, GIA Publications, 2005 (en inglés).

Una guía clara y concisa para que las personas sin experiencia previa aprendan a leer la notación gregoriana (con "neumas" o sea, notas cuadradas).

Obra Nacional de la Buena Prensa, A.C., tiene materiales musicales litúrgicos con CD para todos los tiempos del año, la misa, liturgia de las horas, los sacramentos. Puede visitar su tienda en Internet en www.tienda.buenaprensa.com.

Producciones Magnificat es uninisterio de apoyo en la producción, grabación, promoción y distribución de música católica-cristiana. Ofrece cantos para probar y comprar en http://produccionesmagnificat.com.

Materiales para desarrollo musical

Sight-Sing a New Song, Jennifer Kerr Breedlove, World Library Publications, 2004 (en inglés).

Creado para uso en el salón de clases y para el estudio personal con un teclado, este método ofrece una introducción básica a la habilidad de leer a primera vista la notación musical, específicamente para los cantores voluntarios.

The Care and Feeding of Singers: A Handbook of Choral Vocalises, William Ferris, World Library Publications, 1993 (en inglés).

Una colección de ejercicios vocales con el propósito de desarrollar buenas técnicas vocales para cantores y también para cultivar habilidades para escuchar y entonar dentro de un grupo más grande.

Winning Warm-ups for the Voice, Kathleen van de Graaf, Domenico Productions, Inc., 1999 (en inglés).

CD de 60 minutos con ejercicios para calentamiento vocal que permite a los cantores vocalizar sistemáticamente dentro de toda su gama sin necesidad de usar un piano. Se puede obtener para voces altas y bajas femeninas y masculinas. También hay un segundo CD, *More Winning Warm-ups for the Voice* y un libro de 92 páginas titulado *A Systematic Approach to Voice Exercises* (de la misma autora).

What Every Musician Needs to Know about the Body, Barbara H. Conable y Benjamin J. Conable, GIA Publications, Inc., 1998, 2000 (en inglés).

Basado en un curso de seis horas del mismo nombre, este libro explica un método para el uso correcto y eficaz de los sistemas óseo y muscular conocido como "mapeo del cuerpo" (body mapping). Este libro se basa en ilustraciones, diagramas y tablas que ofrecen una explicación de fácil comprensión de todo el funcionamiento del cuerpo humano.

Materiales litúrgicos

Music in Catholic Liturgy: A Pastoral and Theological Companion to Sing to the Lord, LTP, 2009 (en inglés).

La reciente publicación del documento, *Cantemos al Señor: La Música en el Culto Divino,* dada la importancia de su teología litúrgica, requiere una respuesta pronta e inmediata. Esta guía práctica sitúa el nuevo documento en el contexto de los cambios y desarrollos litúrgicos recrecientes. Entre sus recursos especiales incluye la información magisterial y papal en lo referente a la celebración de la liturgia y la música ritual que le acompaña.

Ordenación General del Misal Romano. Edición provisional para estudiar. Congregación para el Culto Divino y Disciplina de los Sacramentos. Washington, D.C.: United States Conference of Catholic Bishops, Inc. y Liturgy Training Publications, 2003.

La OGMR es el documento definitivo sobre la teología de la liturgia y cómo celebrarla. Contiene mucha información sobre la música sacra. Todos los que sirven como ministros de la liturgia se enriquecerán al profundizar sobre sus funciones y ministerio estudiando este texto y reflexionando acerca de la liturgia en general.

Sourcebook for Sundays, Seasons, and Weekdays: The Almanac for Pastoral Liturgy, LTP (en inglés).

Material anual que ofrece información sobre los tiempos y celebraciones litúrgicos. Gran ayuda para familiarizarse con la liturgia católica.

Materiales para la oración

Blessed Are the Music-Makers, Alan J. Hommerding, World Library Publications, 2004 (en inglés).

Diferente a otras colecciones de oraciones para ministros de la música, este libro ofrece ejercicios de oración breves, relevantes, fáciles de usar y con música inspiradora, apropiados para comenzar y terminar las reuniones.

Palabra de Dios. Chicago, Illinois: Liturgy Training Publications.

Esta publicación anual es escrita originalmente en español para las comunidades de habla hispana de los Estados Unidos de América e incluye las lecturas dominicales que se encuentran en el leccionario mexicano, una reflexión sobre una de las lecturas para el estudio o el diálogo y preguntas que guían e inspiran a los lectores. Cada semana, el segmento titulado "Viviendo nuestra fe" ofrece sugerencias para la vida diaria. También encontrarás referencias para las lecturas de la semana y las solemnidades especiales, junto con oraciones sencillas para la mañana, la tarde y la noche.

Rezar con los salmos. Rudolf Puigdollers. Barcelona, Centre de Pastoral Litúrgica. Disponible en www.LTP.org.

Para aprender a rezar como Jesús, junto con toda la Iglesia. Los fragmentos de los salmos que Jesús apreciaba con sus palabras y una oración de acción de gracias.

Otras lecturas

Cómo escoger y dirigir los cantos. CPL. Disponible en LTP.

Guía formativa y práctica para los animadores del canto litúrgico. Disponible en LTP.

Canto y música. CPL. Disponible en LTP.

Su sentido en la celebración sus "Actores" (asamblea, schola, director, etcétera). Características de cada canto de la misa. De la Liturgia de las Horas. Su programación.

Cantor Basics, Revised Edition. Jim Hanson, Melanie Coddington, Joe Simmons, OCP, 2003 (en inglés).

Este clásico ofrece información litúrgica, estrategias para reclutar cantores, habilidades técnicas y pautas para la espiritualidad de los cantores.

Handbook for Cantors, Diana Kodner, LTP, 1997 (en inglés).

Libro muy útil para todo el que desempeñe el ministerio de cantor con temas que no aparecen en libros más breves, e incluye información sobre tonos para los salmos, gestos, bodas y exequias, cómo enseñar los cantos a la asamblea y muchos más.

Pastoral de Grupos Musicales Parroquiales es un buen resumen de la función del cantor en la liturgia preparado por la Arquidiócesis primada de México para grupos juveniles y se puede bajar de http://www.icono.parroquia.org/index.htm/documents/El_coro_parroquial.pdf.

Organizaciones

National Association of Pastoral Musicians
NPM
962 Wayne Avenue, Suite 210
Silver Spring MD 20910-4461
www.npm.org

American Guild of Organists
475 Riverside Drive, Suite 1260
New York NY 10115
www.agohq.org
Editoriales de música sacra que publican en español:
GIA Music, Inc.
7404 South Mason Avenue
Chicago IL 60638
www.giamusic.com

The Liturgical Press
Saint John's Abbey
PO Box 7500
Collegeville MN 56321-7500
www.litpress.org

Obra Nacional de la Buena Prensa
Representada en los Estados
Unidos de América por The Liturgical Press
www.tienda.buenaprensa.com
Teléfono 5546-4500

Oregon Catholic Press
5536 NE Hassalo
Portland OR 97213-3638
www.ocp.org

World Library Publications
J. S. Paluch Company, Inc.
3708 River Rd. Suite 400
Franklin Park IL 60131
www.wlpmusic.com

Glosario

Los significados de muchos de los términos que se detallan a continuación se superponen. No todos los lectores trazarán la misma línea de demarcación entre, por ejemplo, un himno y un canto. Los términos "antífona", "respuesta" y "estribillo", por ejemplo, suelen usarse de manera indistinguible. El objetivo de las definiciones que se presentan a continuación es brindar una comprensión básica del vocabulario que se usa actualmente en los Estados Unidos de América respecto al ministerio de la música en la Iglesia Católica.

ACLAMACIÓN ANTES DEL EVANGELIO: Suele acompañar la procesión con el Evangeliario. En este canto de alabanza la asamblea "recibe al Señor que está por hablar en el Evangelio"[1]. Consta de la aclamación de la asamblea ("Aleluya" la mayor parte del año; se reemplaza con una aclamación diferente durante el tiempo de Cuaresma[2]) y un versículo del Evangelio, el cual generalmente es cantado en solo por el cantor.

ACLAMACIONES EUCARÍSTICAS: Momentos durante la Plegaria eucarística que invitan la respuesta de la asamblea. Estos son el Sanctus (Santo, Santo, Santo), la Aclamación memorial y la Doxología. El Sanctus y la Doxología siempre usan el mismo texto. Algunas opciones para la Aclamación memorial son "Cristo ha muerto, Cristo ha resucitado, Cristo vendrá de nuevo"; "Anunciamos tu muerte, proclamamos tu resurrección. ¡Ven Señor Jesús!"; "Por tu cruz y resurrección nos redimiste, Salvador del Mundo, sálvanos"; y "Cada vez que comemos de este pan y bebemos de este cáliz, anunciamos tu muerte, Señor, hasta que vuelvas".

ANTÍFONA: Estribillo breve, con o sin salmos cantados que se canta a la entrada, en el ofertorio o en la Comunión de la liturgia eucarística. Las antífonas también se entonan antes y después de cada uno de los salmos y cánticos de la Liturgia de las Horas (vea también la definición para "Respuesta/Antífona/Estribillo").

ANTÍFONA DE ENTRADA: Vea la definición para "Antífona".

ANTÍFONA DE LA COMUNIÓN: Vea la definición para "Antífona".

ASAMBLEA: Todos los que se reúnen para el culto litúrgico forman la asamblea, el Cuerpo de Cristo, la Iglesia. Sin embargo, la asamblea está ordenada jerárquicamente, según el rango y función de cada miembro.

CÁNTICO: Cualquier canto de la Sagrada Escritura que *no* esté tomado del Libro de los Salmos. Estos cantos forman parte integral de la Liturgia de las Horas y suelen encontrarse también en nuestro culto dominical, en lugar del Salmo responsorial. Algunos ejemplos de cánticos de la Sagrada Escritura que se encuentran en el Leccionario del domingo son el Magnificat (Lucas 1,46–55) y el Cántico de Daniel o Cántico de los tres jóvenes (Daniel 3,57–88).

CANTO DEL OFERTORIO: Se entona mientras se presentan las ofrendas y se prepara el altar para la celebración de la Eucaristía.

CANTO: En español se refiere a cualquier forma de música vocal y se usa en la *Ordenación General del Misal Romano* para aludir a la mayoría de las piezas musicales de la liturgia.

CANTO GREGORIANO: Estilo específico de música de la Edad Media que está escrito en forma de "canto llano". Esta colección de cantos, que la leyenda suele atribuir a San Gregorio Magno, constituye la mayor parte de la música que nos ha llegado de los primeros siglos de la Iglesia romana. El canto gregoriano es "el propio de la liturgia romana . . . por lo tanto, hay que darle el primer lugar en las acciones litúrgicas"[3].

CANTOR: Ministro de las oraciones cantadas de una comunidad que celebra la liturgia. En la Iglesia Católica, el cantor cumple tres funciones bien diferenciadas: cuando encabeza el canto o lo anima, dirige y ayuda a la asamblea con la música; cuando actúa como salmista, proclama el Salmo responsorial cantado como parte de la Liturgia de la Palabra y cuando no hace falta que brinde su liderazgo, funciona simplemente como un miembro más de la asamblea y da el ejemplo con su participación plena.

CONSTITUCIÓN SOBRE LA SAGRADA LITURGIA *(SACROSANCTUM CONCILIUM)*: "Al reformar y fomentar la sagrada Liturgia hay que tener muy en cuenta esta plena y activa participación de todo el pueblo, porque es la fuente primaria y necesaria de donde han de beber los fieles el espíritu verdaderamente cristiano . . ."[4]. Este documento, que es la primera constitución que promulgó el Concilio Vaticano II, forma la base de nuestro culto comunitario e incluye secciones sobre la participación de la asamblea, la inculturación de la liturgia, la Liturgia de las Horas, el año litúrgico y la música y el arte sagrado.

DIRECTOR DEL CANTO: Una de las funciones del cantor. El director del canto es responsable principalmente de fomentar la participación musical de la asamblea por medio de un liderazgo musical sólido y el uso de gestos y expresiones faciales adecuadas.

ESTRIBILLO: Vea la definición para "Respuesta/Antífona/Estribillo".

ESTROFA: Cada una de las partes, compuestas del mismo número de versos y ordenadas de modo igual, de que constan algunas composiciones poéticas o musicales (vea "himno").

FORMA ANTIFONAL: Del griego *antiphonon* ("el que responde"), este estilo de canto suele consistir en que un grupo alterne con otro al cantar los versículos de un salmo o las estrofas de himno.

FORMA DE CANTO: También se conoce como forma en "verso-estribillo". Forma musical en que las estrofas (de melodía idéntica pero textos diferentes) de la música se alternan con un estribillo siempre igual(de melodía y texto idénticos).

FORMA EN LETANÍA: En la forma de una letanía (vea también "Forma responsorial").

FORMA RESPONSORIAL: Forma dialógica de cantar en la que el cantor alterna con la asamblea. Se identifica más fácilmente cuando se canta el Salmo responsorial, en el cual el cantor proclama los versículos del salmo y el pueblo responde con un mismo estribillo, pero esta forma también se puede usar en otros momentos de la liturgia. (La forma en letanía es una subcategoría de la forma responsorial, en la cual la parte del cantor forma una oración de intercesión y la respuesta de la gente suele ser muy breve).

GLORIA: Himno de alabanza que se canta como parte de los Ritos de Introducción de la misa en todas las celebraciones dominicales fuera de la Cuaresma y el Adviento y en todas las solemnidades y fiestas[5].

GRADUAL SIMPLE: Contiene otras antífonas para la antífona de entrada, el canto del ofertorio y la antífona de la Comunión. Son melodías más simples que las del Gradual romano. *Cantemos al Señor: La Música en el Culto Divino* es el documento litúrgico musical más reciente que ha sido emitido por la Conferencia de Obispos Católicos de los Estados Unidos. Este reemplaza a *La música en el culto católico* y *La música litúrgica hoy.*

HIMNO (HIMNO EN ESTROFAS): Forma musical en la que la misma melodía se repite varias veces con diferentes textos para cada estrofa (por ejemplo, "Noche de Paz").

***LA MÚSICA LITÚRGICA HOY* (MLH):** Documento de 1983 del Comité de obispos de los Estados Unidos de América sobre la liturgia que amplía algunas de las cuestiones y asuntos que no figuran en *La música en el culto católico.*

LETANÍA: Oración de intercesión en forma de diálogo, como la Oración de los fieles o el Señor, ten piedad, en que las intercesiones que canta o recita el cantor se alternan con una misma respuesta breve por parte de la asamblea.

LITURGIA: Del griego *leitourgia,* que originalmente significaba una acción pública ("obra pública") realizada por el bien de la comunidad. En la Iglesia Católica, la palabra se usa para aludir a cualquiera de los ritos oficiales de la Iglesia que figuran en los libros oficiales del rito romano. Esto incluiría, por ejemplo, la Liturgia de las Horas, la liturgia de la Palabra y celebraciones de sacramentos (Bautismo, Matrimonio) dentro y fuera de la misa y también la Liturgia eucarística de la misa[6].

LITURGIA DE LA EUCARISTÍA: Comienza con la Preparación de las ofrendas e incluye la Plegaria eucarística con sus aclamaciones, el Rito de la Comunión y la Oración después de la Comunión.

LITURGIA DE LA PALABRA: Primera de las dos partes principales de la misa. Abarca las lecturas de la Sagrada Escritura, el canto del salmo, la proclamación del Evangelio, la homilía, la Profesión de fe y la Oración de los fieles.

LITURGIA DE LAS HORAS: Conocida también como "Oficio divino", es el ciclo de oraciones, salmos y cánticos asignados para las diferentes horas del día. Originariamente constaba de ocho horas en que se hacía oración cada día (Maitines, Laudes, Prima, Tercia, Sexta, Nona, Vísperas y Completas). La Oración matutina (Laudes) y la Oración vespertina (Vísperas) son las "horas principales", el "doble quicio sobre el que gira el Oficio cotidiano"[7]. Cada Oficio contiene himnos, salmos, cánticos, intercesiones y otras oraciones.

MISAL ROMANO: Libro que contiene los textos y rúbricas que se usan para la celebración de la misa en el rito romano.

***LA MÚSICA EN EL CULTO CATÓLICO* (MCC):** Documento de 1972 del Comité de obispos de los Estados Unidos de América sobre la liturgia que aborda cuestiones del ministerio de la música después del Concilio Vaticano II.

MÚSICA RITUAL/MÚSICA SACRA: Cualquier pieza musical que forme una parte integral de la liturgia católica. "La tradición musical de la Iglesia universal constituye un tesoro de valor inestimable, que sobresale entre las demás expresiones artísticas . . . La música sacra, por consiguiente, será tanto más santa cuanto más íntimamente esté unida a la acción litúrgica, ya sea expresando con mayor delicadeza la oración o fomentando la unanimidad, ya sea enriqueciendo la mayor solemnidad los ritos sagrados"[8].

MÚSICA SACRA: Vea "Música ritual".

NEUMA: Signo indicativo de una nota que se usa para el canto llano (vea "Notación para el canto llano").

NOTACIÓN PARA EL CANTO LLANO: Es la precursora de nuestra notación musical contemporánea. La notación para el canto llano, también llamada "neuma" o notación "neumática", se basaba en una renglonatura de cuatro líneas en vez de cinco; la forma de los "neumas" indicaba la duración relativa de la nota.

OFICIO DIVINO: Vea la definición para "Liturgia de las Horas".

ORACIÓN DE LOS FIELES: Oración de intercesión en forma de letanía que la asamblea ofrece por la Iglesia y el mundo así como por la comunidad local. Es el elemento final que cierra la Liturgia de la Palabra.

***ORDENACIÓN GENERAL DEL MISAL ROMANO* (OGMR):** Documento de la Iglesia Católica que versa específicamente sobre la celebración de la misa. Contiene instrucciones muy específicas sobre prácticamente todas las áreas de la liturgia eucarística, incluidas las partes de la liturgia que incorporan música. Es el documento de consulta más importante para descubrir el cómo y el por qué de casi cualquier aspecto de la celebración litúrgica.

ORDINARIO: Textos litúrgicos que no cambian día a día. Estos incluyen el Kyrie Eleison (Señor, ten piedad), el Gloria, la Profesión de fe o Credo, el Sanctus (Santo, Santo, Santo) y el Agnus Dei (Cordero de Dios).

PIEZAS DE COMPOSICIÓN CONTINUA: Nombre que comúnmente reciben las piezas musicales que no tienen repeticiones ni estribillos fijos. Algunos ejemplos de estas piezas son la aclamación eucarística y algunas veces el Gloria[9].

PLEGARIA EUCARÍSTICA: Oración que es "el punto central y el momento culminante de toda la celebración [eucarística]"[10] comienza inmediatamente después de la preparación del altar con el diálogo del Prefacio: "El Señor esté con ustedes . . ." y continúa sin pausa hasta la Doxología como una sola oración. Sus elementos generalmente incluyen la acción de gracias, la aclamación, la *anamnesis* (trae a la memoria la cena y el sacrificio de Cristo), el relato de la institución de la Eucaristía (el relato de la Última Cena), intercesión y la Doxología final ("Por Cristo, con él y en él . . ."), que culmina en el Gran Amén.

PRELUDIO: Pieza musical que se toca o se canta antes del Canto de entrada de una liturgia; formalmente, el preludio no es parte integrante de ningún rito litúrgico.

PROPIO: Textos de la liturgia que cambian día a día de acuerdo con el calendario litúrgico. Estos incluyen las lecturas de la Sagrada Escritura; el Salmo responsorial; la antífona de entrada, el canto del ofertorio y la antífona de la Comunión además de muchas de las oraciones presidenciales.

RESPUESTA/ANTÍFONA/ESTRIBILLO: Tres términos que se suelen usar de manera intercambiable en la Iglesia contemporánea, aunque cada uno tiene una connotación ligeramente diferente. "Estribillo" es un término musical (que hace alusión a la estructura), "Respuesta" es un término funcional y "Antífona" es un término litúrgico. Normalmente, la palabra "Antífona" se reserva para momentos específicos de la liturgia (vea la definición para "antífona") y para los salmos del Oficio divino. Las distintas editoriales y músicos suelen usar, en el Salmo responsorial, los términos "estribillo" y "respuesta" como sinónimos, aunque es preferible el término "respuesta" ya que connota la naturaleza dialógica del salmo mientras que "estribillo" no lo hace. Por la misma razón, la parte de la gente en una letanía suele llamarse "respuesta". Si se habla de un canto en forma de estrofa y estribillo, se usará el término "estribillo".

SACROSANCTUM CONCILIUM: Vea Constitución sobre la sagrada liturgia.

SALMISTA: Función que asume el cantor durante la proclamación del Salmo responsorial. Este momento se diferencia de las demás partes del ministerio del cantor; aquí el cantor es un ministro de la Palabra que proclama la Sagrada Escritura con su canto.

SALMO RESPONSORIAL DEL TIEMPO LITÚRGICO: El Leccionario provee algunos salmos que pueden reemplazar a los salmos "propios" de cada misa en aquellas parroquias a las que les resultaría demasiado difícil aprender el ciclo entero de la salmodia; se especifican ciertos salmos para ser usados durante los diferentes tiempos del año litúrgico.

SALMO: Cualquiera de los 150 poemas y cantos del Libro de los Salmos del Antiguo Testamento.

SECUENCIA: Himno litúrgico que se canta inmediatamente después de la segunda lectura. La secuencia aparece en la liturgia eucarística del Domingo de Pascua (y durante su octava), y las solemnidades de Pentecostés y Corpus Christi, y la memoria de Nuestra Señora de los Dolores. Note que el uso de la secuencia solo es obligatorio en los Domingos de Pascua y Pentecostés[11].

TONO DE SALMO: Fórmula melódica sencilla que se usa para cantar los versículos de los salmos.

NOTAS

1. OGMR, 62.

2. En el *Leccionario* se encuentran muchas aclamaciones para la Cuaresma.

3. SC, 116.

4. SC, 14.

5. El Gloria no se debe cantar durante el Adviento y la Cuaresma a excepción de las solemnidades de la Inmaculada Concepción, San José y la Anunciación así como las fiestas de Nuestra Señora de Guadalupe y la Cátedra de San Pedro.

6. Se debe destacar que en las iglesias Orientales, el término "liturgia" o "divina liturgia" alude *exclusivamente* a la celebración de la Eucaristía; la palabra "misa" no forma parte de su tradición.

7. Ver SC, 89.a.

8. SC, 112.

9. Al momento de esta impresión, se permiten arreglos responsoriales para el canto del Gloria en las diócesis de los Estados Unidos de América.

10. OGMR, 78.

11. Ver OGMR, 64.

Cantemos al amor

Cantemos al amor de los amores,
cantemos al Señor.
Dios está aquí, venid adoradores,
adoremos a Cristo Redentor.
Gloria a Cristo Jesús, cielos y tierra
bendecid al Señor.
Honor y gloria a Ti, Rey de la Gloria,
amor por siempre a Ti, Dios del amor.

Por nuestro amor oculta en el sagrario
su gloria y esplendor: para nuestro bien
se queda en el santuario,
esperando al justo y pecador.
¡Oh, gran prodigio del amor divino!
¡Milagro sin igual!
¡Prenda de amistad, banquete peregrino,
do se come al Cordero Celestial!

¡Jesús potente, Rey de las victorias!
¡A Ti loor sin fin!
¡Canten tu poder, autor de nuestras glorias,
cielo y tierra hasta el último confín!

Tu nombre ensalzamos y alabamos
Con toda nuestra voz.
¡Rey de Majestad,
por siempre te aclamamos,
y Señor de las almas, Cristo Dios!